Wolf W. Lasko/Peter Busch

Akquisition
Auftrag
Profit

Wie Sie Kunden und Projekte mit Ihren Lösungen gewinnen

GABLER

Bibliografische Information Der Deutschen Bibliothek
Die Deutsche Bibliothek verzeichnet diese Publikation in der Deutschen Nationalbibliografie; detaillierte bibliografische Daten sind im Internet über <http://dnb.ddb.de> abrufbar.

1. Auflage Oktober 2002

Lektorat: Margit Schlomski/Manuela Eckstein

Der Gabler Verlag ist ein Unternehmen der Fachverlagsgruppe BertelsmannSpringer.
www.gabler.de

Umschlaggestaltung: Nina Faber de.sign, Wiesbaden
Satz: FROMM MediaDesign GmbH, Selters/Ts.
Druck und buchbinderische Verarbeitung: Wilhelm & Adam, Heusenstamm
Gedruckt auf säurefreiem und chlorfrei gebleichtem Papier
Printed in Germany

ISBN 3-409-11959-0

Vorwort

Warum haben in der Bundesrepublik in der jüngsten Vergangenheit so viele Firmen Pleite gemacht, warum steigt scheinbar unaufhörlich die Zahl der Insolvenzen? Dumme Frage, werden Sie vielleicht denken. Die Antworten liegen doch auf der Hand. Und dann geht das Gejammer los: die schwache Konjunktur, die Schwierigkeiten auf den Absatzmärkten, die Abhängigkeit Deutschlands von der Weltwirtschaft. Alles gute Gründe, aber sie sind nicht hinreichend, das Problem wirklich auf den Punkt zu bringen, es an der Wurzel zu packen.

Meine Erklärung dafür ist ganz einfach. Es mangelt in vielen Unternehmen an wirklich fähigen Akquisiteuren. Darin sehe ich den wesentlichen Grund für viele ökonomische Desaster und Fehlentwicklungen.

Akquirieren heißt: Aufträge, Kunden, Projekte zu gewinnen, den Quellgrund jedes gesunden Unternehmens zum Sprudeln bringen. Jeder erinnert sich noch an den Aufbruch, den es in der Wirtschaft Mitte der 90er gegeben hat. Viele wagten den Sprung in die Selbstständigkeit, vor allem im IT-Bereich, weil dort die Gewinnchancen und Wachstumsmärkte unendlich groß zu sein schienen. Stichwort „New Economy". Damals wurden zahlreiche Companies gegründet. Deren Business Cases und Start-ups wurden von Venturekapitalfirmen betreut, die dort unter anderem die finanzielle Beratung übernahmen, eine ganze Menge Geld hineinsteckten und glaubten: Wer eine gute Idee hat, gewinnt den Markt. In diesen Bahnen wurde damals gedacht, und viele denken auch heute noch so. Sie unterliegen einem gewaltigen Irrtum.

Unsere Idee, auf diese Entwicklung zu reagieren, war schnell geboren. Wir boten den Venturekapitalfirmen, die nicht so erfolgreich waren, Akquisitions-Coaching an. Doch stießen wir aus besagten Gründen auf taube Ohren. Zu Unrecht, wie sich mittlerweile gezeigt hat. Denn damals wie heute gilt: Wer nicht akquirieren kann, wird über kurz oder lang seinen Laden schließen müssen. Und genau das ist in den letzten Jahren bei vielen Unternehmen, die hoffnungsvoll starteten, passiert. Wer keine Ahnung von Akquisition hat, er ihr geringe Bedeutung beimisst und nicht weiß, wie eminent wichtig sie ist, der muss scheitern. Wer nicht genügend mitdenkt, *ob* und vor allem *wie* er mit seiner Geschäftsidee, mit seinem Business Case auch Aufträge gewinnen kann, ist auf der Verliererseite. Wer nicht weiß, dass in der Regel viele Kontakte zum Kunden notwendig sind, bevor ein Auftrag zu Stande kommt, sollte sein Glück besser bei der Lotterie versuchen.

Denken Sie daran, dass es unerlässlich ist, neben einer guten Idee auch Aufträge zu haben. Es ist ein fundamentaler Trugschluss zu glauben und darauf zu hoffen, es genüge, gute Ideen und exzellente Mitarbeiter zu haben, die „was drauf haben“. Nur wer Aufträge gewinnen kann, kann Firmen zum Erfolg führen. Und was Sie tun müssen, um Kunden zu gewinnen, Angebote zu präsentieren, Aufträge zu erhalten und Profit für Ihr Unternehmen zu erwirtschaften, erfahren Sie in diesem Buch. Wir haben für Sie eine konkrete Schritt-für-Schritt-Anleitung erarbeitet, die Ihnen die Gelegenheit bietet, genau an den Stellen einzusteigen, bei denen Sie Verbesserungsbedarf für sich sehen. Aber auch wenn Sie das Thema „Akquisition“ einmal grundlegend für sich erschließen möchten, sind Sie hier richtig.

Wir wünschen Ihnen viel Spaß bei der Lektüre und viele profitable Aufträge für Ihr Unternehmen.

Leichlingen, im September 2002

Wolf W. Lasko und Peter Busch

Inhaltsverzeichnis

Prolog

Akquisition – die Hochsprache der Kommunikation

Ein praxisnahes und praktisches Buch zum Thema Kunden- und Projektgewinnung handelt weniger von Kommerz oder Konjunktur. Im Zentrum des Interesses steht vielmehr das System Akquisitions-Kommunikation, und es beleuchtet das Persönlichkeitsprofil des Unternehmers, des Akquisiteurs.

Die intensivste und herausforderndste Form der Kommunikation, deren Erfolg absolut messbar ist, ist die, die zum gewünschten Ergebnis führt, oder, übersetzt in die Sprache der Akquisition: die Kommunikation, die mit einem souveränen Auftrag endet, mit einem klaren Ja oder Nein, das heißt mit einem exakten Feedback auf die Qualität der Akquisitionsleistung.

Akquisiteure sind Helden

Damit die Wirtschaft floriert, bedarf es unternehmerischer Persönlichkeiten, die Projekte zu Ende bringen und treffsicher Akquisitionsmethoden zu gewünschten Ergebnissen führen. Diese Kernidee birgt das Geheimnis der wirtschaftlichen Wohlfahrt. Dass die Ökonomie funktioniert, resultiert aus der Tatsache, dass es Menschen gibt, die die Dinge anpacken und auch zum Abschluss bringen. Diese Macher fungieren als zentrale Triebfedern des Wirtschaftsflusses. Sie halten den Prozess in Gang und sind die wahren Helden eines Landes.

Einen Vorsprung im Leben hat derjenige, der dort anpackt, wo die anderen erst grübeln, spekulieren oder reden. Macher pflegen dagegen eine Kommunikation, die sich von der Kommunikation passiver Naturen wohltuend unterscheidet.

Herr der Kommunikationssituation, die den Namen Akquisition trägt, ist der Unternehmer, der Aufträge an Land ziehen kann. Dieser hat in jeder Branche die Nase vorn. Egal, ob im Non-Profit- oder im Profit-Bereich, ob in einem kleinen oder großen Unternehmen. Wie es einer Organisation, wie es einem Unternehmen in Deutschland, wie es dem Unternehmen Deutschland geht, ob und wie es blüht, hängt wesentlich davon ab, dass Spitzenkommunikatoren in der Akquisition erfolgreich sind.

Kunden- und Projektgewinnung

Viele der in diesem Buch vorgestellten Hebel und Werkzeuge, die zu einer erfolgreichen Akquisition gehören, können Sie auch im Produktverkauf Gewinn bringend anwenden. Im Vordergrund stehen aber die Erfahrungen, die wir bei der Kunden- und Projektgewinnung im Lösungsgeschäft gesammelt haben.

Akquisition ist nicht Verkaufen

Zur Akquisition gehört viel mehr als Verkaufen. Sie will studiert, gelernt, erarbeitet sein. Nicht erst seit den Zeiten der großen Welt-Entdecker ist bekannt, dass ohne geeignetes Rüstzeug, das mit einer gehörigen Portion Mut gepaart sein muss, kein Neuland zu erobern ist. Rüstzeug und Mut, um zu überzeugen, anstatt einfach nur zu verkaufen, um irgendwie etwas los zu werden. Nicht ohne Grund schwingt im Wort „Verkaufen“ hierzulande mitunter ein negativer Touch mit. Dabei schwingt mit, dass verkauft werden muss, dass auf Teufel komm raus ein Ergebnis geschaffen werden muss, und dass in einer Geschäftsbeziehung der Gewinn des Verkäufers statt der Kundennutzen im Vordergrund steht.

Es gibt eine berechtigte Abneigung gegenüber einem besonderen Verkäufertypus, dem nicht zu Unrecht der Ruf vorauseilt, dass er sich darauf versteht, Kunden über den Tisch ziehen zu können. Bei diesen unangenehmen Zeitgenossen handelt es sich um Vertreter einer Geschäftspraktik, die mit „Hard Selling“, das heißt „auf dem Kunden rumtrampeln und das Letzte rausdrücken“, passend charakterisiert ist. Solche Verkäufer wollen in erster Linie einen Auftrag. Ob der Kunde die von ihm gewünschten Resultate erreicht oder nicht, ist ihnen völlig egal.

Im Begriff Akquisition klingt dagegen die Wertschätzung des Kunden und der Respekt vor seinen Interessen mit. In den Mittelpunkt des Geschäftsinteresses rückt dabei der Wille, den Kunden fassbaren Nutzen, Added Value zu bieten. Nehmen Sie einen Auftrag nur dann an, wenn der Kunde die Resultate erhält, die er ohne Ihre Serviceleistung, Ihr Produkt, Ihre Lösung nicht bekäme?

Das französische Wort „akquirieren“ lässt sich auf deutsch mit „werben“ übersetzen. Bei der Akquisition werben Sie vor allem mit Ihrem Können und Ihrem Einsatz. Und Sie werben dafür, dass der Kunde mit dem Nutzen, den er bekommt, mehr als zufrieden sein kann.

Das Ziel ist der König

Ein fester Bestandteil der Marketing-Philosophie ist die These, dass der Kunde ein König, respektive ein Partner sei. Das klingt so schön. „Unser Kunde ist König“. Doch wer ist dann der Untertan? Ohne König kein Volk. Die Beziehung Unternehmen – Kunde lässt sich besser folgendermaßen ausdrücken: Von dem Moment an, ab dem Sie mit einem Kunden zusammenarbeiten, betrachten Sie ihn weder als König noch als Partner. Vielmehr erheben Sie beide gemeinsam das noch zu erarbeitende Ziel und die Aufgabenstellungen, die sich aus diesem ergeben, zum Auftraggeber und Kunden.

Fasst man das Verhältnis zum Kunden so auf, unterwirft man sich gemeinsam mit ihm einer Zielsetzung. Königsziele, nicht Könige sind gefragt. Und solche Königsziele erlauben es auch, dass Sie, sofern Sie es für erforderlich halten, eine komplett andere Meinung vertreten können als der Kunde. Denn nicht der Kunde, sondern das Ziel ist König.

Akquisition ist ein System

Eine anschauliche Metapher zur Darstellung der Bausteine des Systems Akquisition, die Sie in diesem Buch kennen lernen werden, ist das Bild des Adlers. Stellen Sie sich diesen König der Lüfte vor. Der Kopf, das Herz und die Schwingen des Adlers, alle diese Körperteile vollbringen spezielle Leistungen, damit der Flug dieses großen Vogels zum Ziel führt.

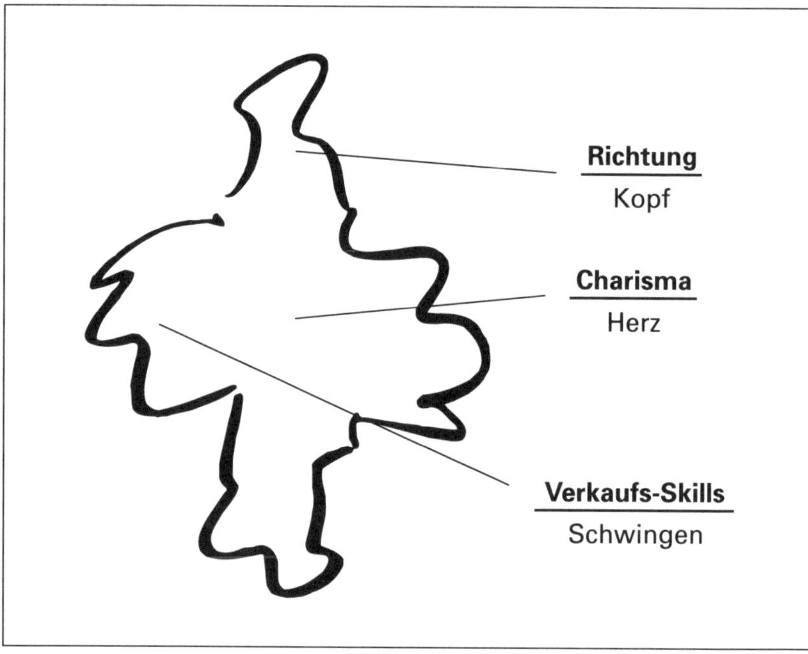

Abbildung 1: Adler

Der Kopf des Adlers entscheidet, wohin die Reise geht, wenn er sich in die Lüfte schwingt. Der Kopf sorgt für die notwendige Orientierung, er definiert die Ziele zur Erreichung der erforderlichen Schritte, ordnet sie nach Prioritäten, strukturiert und analysiert die Ausgangsbedingungen und die Phasen, die für einen erfolgreichen Flug zu kreieren und zu durchlaufen sind. Der Schweif des Adlers kennt das Ziel des Kopfes. Er achtet darauf, dass der Kurs gehalten wird und kann bei einer Abweichung eine Kurskorrektur vornehmen. Er arbeitet als Frühwarnsystem, als Korrektiv des Kopfes.

Die Kopfarbeit, die geleistet werden muss, damit Akquisition zum Ziel führt, wird in diesem Buch in den Kapiteln **Pipeline** und **Erfolgsplattform** behandelt.

Die für eine erfolgreiche Akquisition erforderliche praktische Intelligenz entspricht dem Beitrag, den die Schwingen zum Gelingen des Adlerfluges leisten. Sie steht im Mittelpunkt der Kapitel **Ansprache, Briefing, Diagnose, Konzept, Angebot, Präsentation, Closing, Resultat** und **Kompetenz.** Dort werden die Techniken, Methoden und Inhalte präsentiert, die für den Erfolg unabdingbar sind. Hier finden Sie Antworten auf die Fragen:

- Welche Rhetorik führt mich zum Ziel?
- Wie kann ich andere am besten motivieren?
- Was sollte man im persönlichen Umgang mit Geschäftspartnern und Mitarbeitern beherzigen?
- Wie manage ich Konflikte?
- Wie verteilt man Aufgaben am günstigsten?
- Welche Tätigkeiten sollte man delegieren?

Das Triebwerk des Adlers ist sein Herz. Das Gleiche gilt für die Akquisition: In ihrem Zentrum steht die innere Einstellung, das innere Commitment, das innere Wissen und die Wahlfreiheit, die ein Akquisiteur auf dem Weg zu einem erfolgreichen Geschäftsabschluss einbringt. Das Herz ist die Kraftquelle. Der Adler braucht ein pulsierendes Herz, das ihn kraftvoll antreibt und ihn mit voller Begeisterung den Weg auf das Ziel hin einschlagen lässt. Mehr zu den Themen emotionale Intelligenz und charismatische Persönlichkeit beinhaltet das Kapitel **Charisma.**

Alle Körperteile des Adlers befinden sich miteinander im Einklang, bilden ein synergetisches Ganzes, funktionieren als System. Herz, Kopf und Schwingen, emotionale, logische und praktische Intelligenz spielen wie ein erfolgreiches Ensemble zusammen. Stellen Sie sich das Bild des Adlers vor. So öffnen Sie sich für den Prozess, den Sie für erfolgreiche Akquisitionen in allen Phasen des Prozesses zu durchlaufen haben.

Wann akquirieren?

Wann sollte man akquirieren? Gegenfrage: Wann geht man zum Zahnarzt? Eine gesunde Antwort würde lauten: Lieber zu früh als zu spät. Doch viele müssen auf diese Frage ehrlich antworten: Wenn es zu spät ist.

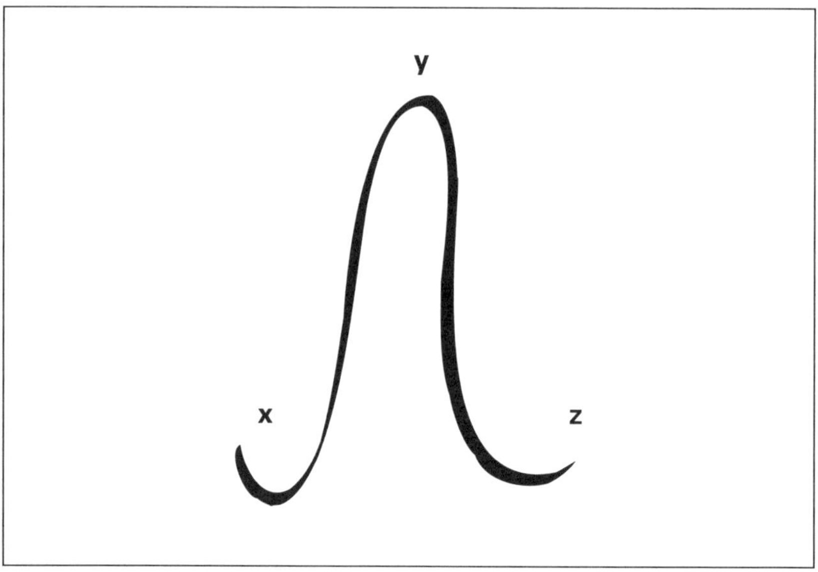

Abbildung 2: xyz-Kurve

Die dargestellte xyz-Kurve beschreibt anschaulich den Tatbestand, das, was Sache ist.

Betrachten Sie das Unternehmen, das sich im Abschnitt x auf der Kurve befindet. Es geht aufwärts, der Markt wächst, die Gewinnspannen sind riesig, die Mitarbeiter euphorisch. Im Bereich y erreicht das Unternehmen den Zenit des Erfolgs. Die Auftragsbücher sind voll, man kann sich vor Aufträgen kaum retten. Gleichzeitig dämmert den Verantwortlichen, dass der Höhepunkt naht. Die Konsolidierung des Marktes lässt sich schon absehen. Unendliches Wachstum ist nicht mehr zu erwarten. Während die x-Phase noch den Himmel öffnete, wächst in der y-Phase schon das Gespür für die Decke.

Der Bereich z veranschaulicht, dass es abwärts geht, die Gewinne schwinden. Kostenreduktionen, Marktverknappungen, Käufermarkt bestimmen das wirtschaftliche Wachstum. Handfeste Probleme lassen sich nicht mehr länger leugnen.

Diese Grafik beantwortet die Frage, wann Akquisition am Erfolg versprechendsten ist. Die günstigsten Zeitpunkte für die Akquisition liegen dort, wo sich das Unternehmen in der x- bzw. y-Phase befindet. Während dieser Zeit kann die eigene innere Erfolgseuphorie mühelos zum Kunden transportiert werden. Dann wird akquiriert mit dem Rückenwind des Erfolgs und aus der Wahlfreiheit heraus.

Der dunkelste Moment der Akquisition, die geringste Handlungsqualität dafür erwächst in der z-Zeit. Dann gilt der Satz: Wenn die Zeit kommt, in der man könnte, ist die vorüber, in der man kann. Jetzt das persönliche Energiepotenzial in Schwung zu bringen, kostet sehr viel Mühe. Das spürt auch der Kunde. Nicht selten erlebt er dann ein aggressives Akquisitionsgespräch, in welchem er mehr oder weniger massiv gedrängt wird, einen Auftrag zu erteilen.

Außerdem gilt: Wenn Sie sich noch im x- und y-Bereich der Kurve bewegen, haben Sie genügend Zeit für Akquisition. Befinden Sie sich jedoch in der Abschwungphase, geraten Sie unter Handlungsdruck, und die Leichtigkeit des souveränen Gestaltens geht verloren.

Akquisition ist erlernbar

Akquisition ist erlernbar, und zwar für jeden, der die Botschaft und die Fachkompetenz hat, die die Projektlösung und das Produkt verlangen, und der es als Unternehmerpersönlichkeit versteht, das Vertrauen seiner Geschäftspartner zu gewinnen, eine ausreichende individuelle Vertrauensqualifizierung mitbringt und stetig an seiner Persönlichkeitsentwicklung arbeitet.

Wer erfolgreich akquirieren will, geht vor wie beim Kochen: nach Rezept. Wer ermuntert wird, irgendein Gericht zuzubereiten, zum Beispiel Sauerbraten, und dann noch instruiert wird: „So muss der Braten schmecken und so muss er aussehen", der wird Schwierigkeiten haben, etwas Genießbares zu kochen. Wer aber ein Rezept zur Verfügung hat und die Schritte, die nacheinander abzuarbeiten sind, für sich nachvollzieht, der wird seine individuelle Art von Sauerbraten auf den Tisch zaubern können.

Der Neuling wird vielleicht beim ersten Mal noch den einen oder anderen Fehler machen, wird möglicherweise eine Rezeptstufe vergessen, sich an einer zu lange aufgehalten haben. Aber wer nicht resigniert und lernt, sich genau an das Rezept zu halten, wird schon bald messbar positive Ergebnisse aufweisen können. Und dank der Erfahrungen, die man durch Praxis erwirbt, werden diese mit der Zeit immer besser.

Vom Kochen zum Akquirieren. Das Rezept, die Zutaten und die Reihenfolge, das sind die drei wesentlichen Faktoren. Wer so und nicht anders vorgeht, bei dem wird der Erfolg nicht ausbleiben.

Akquisitionscocktail

Die nun folgenden Rezepte für Gewinn versprechendes Akquirieren sind exakt, das heißt hundertprozentig so auszuführen, wie es hier empfohlen wird. Das gilt für jede Phase, jeden Akquisitionsschritt, jedes Akquisitionswerkzeug. Zu einhundert Prozent. Und nicht zu 90 oder 95 Prozent. Aktivieren Sie auch die letzten Reste. Wenn Sie eine Telefonnummer wählen, zum Beispiel 02274 6208 und am Ende statt der 8 die 9 treffen, dann haben Sie ja fast alles richtig gemacht, bis auf eine kleine Zahl am Ende, bis auf einige Prozent. Fast alles richtig, und dennoch ungenügend. Denn Sie wissen, auch auf die letzte Zahl kommt es noch an, wenn der gewünschte Gesprächspartner am anderen Ende der Leitung auch den Hörer abnehmen soll.

Alle Phasen der Akquisition sind gut und richtig zu gestalten, nicht perfekt – am Anfang –, aber so gut, dass die Mixtur zum Erfolg führen kann. Wer gerne Cocktails trinkt und kreiert, weiß: auf die Mischung kommt es an. Darin liegt auch ein typisches Kennzeichen für gute Akquisition. Ein gelungenes Briefing, eine dem Kunden überzeugend aufgezeigte Konzeption – alles gut und schön, aber diese Zutaten allein reichen nicht aus. Sie müssen auch eine exzellente Präsentation anbieten und beim Closing auf den Punkt kommen – alle Schrittfolgen spielen zusammen und führen am Ende zum gewünschten Ergebnis. Bis zum Sahnehäubchen und der kleinen Frucht, die einen guten Cocktail auszeichnen.

Mit einem Stufenmodell zum Erfolg. Auf diese Technik gründet sich auch die Kunst des Golfspiels. Wer Par 5 anstrebt, braucht einen guten ersten Abschlag, der zweite bringt ihn näher ans Loch, der dritte vielleicht vor, der vierte Schlag auf das Grün, und mit dem Patter für den fünften oder sechsten kann das Loch anvisiert werden. Wenn Sie irgendwo einen entscheidenden Schlag verfehlen, reicht Ihnen kein guter Abschlag und keine gute Annäherung.

Es können beim Golf auch Schwierigkeiten auftauchen: Heftiger Wind kommt auf, und die so hübsch gestalteten Ruffs ziehen die Bälle magisch an. Auch bei der Akquisition hat man häufig mit widrigen Umständen zu kämpfen: Konflikte mit dem Kunden, konjunkturelle Veränderungen, Wettbewerbseinflüsse. Es kann ja so viel passieren. Doch all diesen negativen Einflussfaktoren die Stirn bietend, hat ein Golfspieler seine Schläge so zu platzieren, dass er mit zumindest fünf bis sechs Schlägen, wenn er Handicap 36 halten will, den Ball im Loch versenkt.

Die Zeit läuft

In diesem Buch werden Sie zwölf Phasen kennen lernen, die ein exzellenter Akquisiteur für sein Geschäft zu absolvieren hat. Alle zwölf Instrumente verlangen Ihren ganzen Einsatz. Diese Hebel im taktsicheren Rhythmus bedienen zu können, darin liegt die Könnerschaft eines mutigen, professionellen, hervorragenden Akquisiteurs. Diese Hebel von 1 bis 10, also Pipeline, Erfolgsplattform, Ansprache, Briefing, Diagnose, Konzept, Angebot, Präsentation, Closing und Resultat, treiben den Prozess an, Sekunde um Sekunde, Minute um Minute, bis die Stunde schlägt. Diese Abfolge hat ihren guten Sinn, ihre ganz eigene Berechtigung, ihren ganz besonderen Platz. Wie auf einer Wendeltreppe. Wenn Sie die emporklettern, drehen Sie sich im Kreis, kommen keinen Schritt vorwärts aber viele Schritte aufwärts.

Aufwärts gelangen bis nach ganz oben, an die Spitze: genau darin liegt bei der Akquisition die Intention. Die einzelnen Phasen bedingen sich gegenseitig, folgen aufeinander, spielen sich gegenseitig hoch. Die letzten beiden Werkzeuge, Charisma und Kompetenz wirken auf jeder Stufe gleichzeitig parallel dazu. Kommunikation ohne charismatische Ausstrahlung, ohne fachliche und persönliche Kompetenz und ohne die Fähigkeit, auf den Gesprächspartner individuell eingehen zu können, wäre zum Scheitern verurteilt – geschäftlich wie privat.

Kapitel 1

Gestalten Sie Ihre Profit-Potenziale mit der **Pipeline**

1. Selektion der Richtigen
2. Stufen oder Chaos: Wählen Sie!
3. Arithmetik der Gewinner
4. Pools – die alte deutsche Pensumsidee
5. Zu viel, zu wenig – das passende Volumen
6. Übertreiben, untertreiben: Wahrscheinlichkeiten
7. Den richtigen Zeitpunkt treffen
8. Engagement oder Schlaf
9. Der elegante „Pool-Mix"

BEISPIEL

Es geschah an einem rabenschwarzen Freitag. In der Woche zuvor hatten wir von einem wichtigen Kunden ein Angebot bekommen, das wir ablehnen mussten. Der Vorschlag des Kunden lautete, ab sofort von uns dieselben Leistungen zu einem Preisnachlass von 50 Prozent realisiert zu sehen. Ferner wollte er die konzeptionelle Phase, die gerade ein Markenzeichen guter Unternehmensberatung ist, zumindest in diesem Branchensegment in Zukunft selbst übernehmen.

Warum dies ein schwarzer Freitag für uns war? Ganz einfach. Dieser Kunde, einer der größten Automobilhersteller der Welt, hatte zuvor vier Jahre lang immerhin 60 Prozent unseres Gesamtumsatzes bestritten. Wenn Sie sich vorstellen, dass Sie im Durchschnitt über 90 Partner im Einsatz haben und dann plötzlich 60 Prozent wegbrechen, dann können Sie ermessen, was vorgefallen war.

Wir beschlossen an diesem bewussten Freitag, diesem Kunden komplett abzusagen. So geschah es.

Kennen Sie das ? Nachts schweißdurchnässt aufzuwachen und darüber zu grübeln, wie es weitergehen soll, wie die nächsten Monate zu überstehen sind? Es entsteht ein Vakuum, ein emotionales, persönliches Vakuum.

Seit diesem schwarzen Freitag ist uns so etwas nie mehr passiert. Denn seither arbeiten wir mit einer „Pipeline", die es ermöglicht, viele große Kunden zu betreuen ebenso wie viele mittlere, und dies in einem gesunden, ausgewogenen Mix. Mit einer Pipeline zu arbeiten bedeutet, in der allerersten Akquisitionsphase permanent neue Kunden zu suchen. Eine Pipeline bewirkt, dass jeden Monat in den unterschiedlichsten Branchen und für die unterschiedlichsten Lösungen 20, 30 Angebote nach draußen gehen. Pipeline motiviert, fortwährend neue Lösungen anzustoßen und Märkte zu besetzen. Mit einer Pipeline arbeiten heißt, ein breites Fundament schaffen, damit ein schwarzer Freitag sich nie mehr ereignen kann.

Die Pipeline kennt die Namen. Sie gibt Auskunft darüber, welche konkreten Kunden und Projekte sich in Ihrem Unternehmen in welcher Akquisitionsphase befinden.

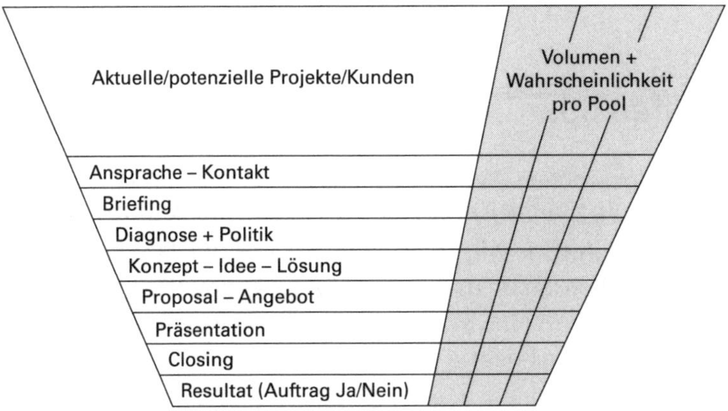

Abbildung 3: Pipeline

1. Selektion der Richtigen

Der Pipeline vorgelagert sind die Entscheidungen des Marketing und der Geschäftsleitung darüber, auf welches Marktsegment sich Ihr Unternehmen konzentrieren will. Diese Festlegung, diese Selektion, die sich aus der Marktposition, aus der Marktnische und aus der Branche ableiten lässt, ist der Geburtsort der Pipeline. Aus der Definition des Marktsegments, in das Sie eindringen wollen, ergibt sich Ihre Positionierung für Ihr Geschäftsfeld. Auf dieser Grundlage können Sie dann klären, welche konkreten Kunden Sie ansprechen wollen.

Wenn Sie entschieden haben, auf welche Marktsegmente Sie sich konzentrieren wollen und worauf Sie Ihren Fokus richten möchten, müssen Sie eruieren, welche Kunden für Sie relevant sein könnten.

Ob Sie von Kunden angesprochen werden oder ob Sie aktiv auf potenzielle Kunden zugehen, spielt vorerst eine untergeordnete Rolle. Im Vordergrund steht zunächst das Potenial, die Gewinnchance, die Sie pro Kunde, pro Projekt veranschlagen. Die Auswahl treffen Sie in der Strategiephase. Diese Entscheidung bildet das Selektionsraster für die folgenden Akquisitionstätigkeiten in der Pipeline.

2. Stufen oder Chaos: Wählen Sie!

Erfolg versprechende Akquisition basiert im Lösungsgeschäft auf einem verbindlichen Stufenmodell. Wer sich auf Kunden zubewegt, Kontakt bekommen will, steht zunächst vor der Frage, wie sich die Tür aufschließen lässt, damit eine Anfrage gestartet werden kann. Das Briefing ist dann die Stufe, in der Sie gemeinsam mit dem Kunden herausarbeiten, was dessen Ziele sind.

In der Diagnose- und Politikphase wird ein tieferes Verständnis der Auftragssituation entwickelt. Bei der Diagnose gilt es zu erforschen, welche Inhalte für die Angebotsgestaltung im Vordergrund stehen. Gleichzeitig ist zu ermitteln, welche politischen Verhältnisse innerhalb der Firma herrschen, das heißt: wie die Seilschaften funktionieren, wie die Entscheiderstrukturen aufgebaut sind und welche Einflüsse daraus erwachsen.

Auf dieser Grundlage kann das Konzept erstellt werden, aus dem heraus Sie eine Geschäftsidee kreieren. Dann formulieren Sie ein schriftliches Angebot und stellen einem Kundenkreis Ihr Konzept in einer Präsentation vor. Im Closing werden anschließend die Auftragsbedingungen bis hin zum Resultat endgültig ausgehandelt.

Diese Stufen können variieren, vielleicht benötigen Sie nach dem Briefing mehrere Schritte, oder einzelne Schritte verkürzen sich. Konzentrieren Sie sich vor allem darauf, dass Sie exakt ermitteln, welche Stufen in jedem Einzelfall auf dem Weg zum Auftragsabschluss von besonderer Bedeutung sind.

Akquisition verläuft stets in Stufen, die aufeinander folgend zum Ziel führen. Wenn Sie diese Stufen nun untereinander aufführen, entsteht der erste Baustein eines Trichtermodells. Sie müssen irgendwo oben starten und dann eine arithmetische Aufgabe erledigen. Oben werden bestimmte Zahlen eingegeben, eine bestimmte Anzahl von Namen von Kunden und Projekten. Im Lauf der Zeit verlieren Sie Kunden und damit Projektchancen, so dass die Summe, die unten steht, entsprechend kleiner wird.

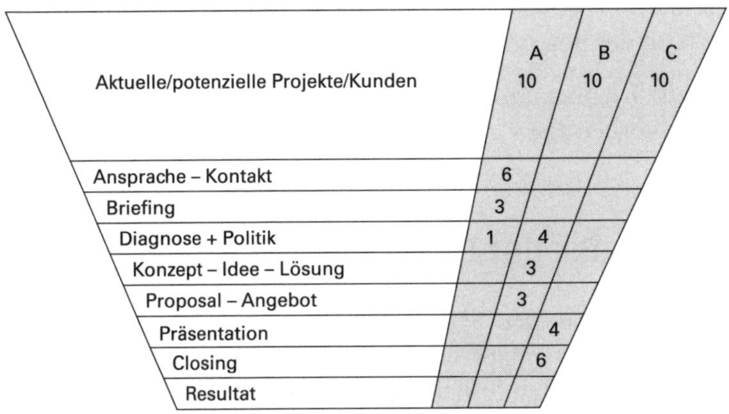

Abbildung 4: Alternative Pipelines

Wie Sie in der Grafik erkennen, haben die drei Varianten möglicher Pipelines unterschiedliche Gewichtungen. An der Pipeline A sehen Sie, dass der Akquisiteur, der diese Pipeline bedient, sein größtes Engagement in den Start legt. Bei der Pipeline B konzentriert sich die aufgewendete Energie in der Mitte, also auf der Ebene von Angeboten, und der Akquisiteur mit der Pipeline C richtet sein Hauptaugenmerk auf Angebot und Closing.

Mit einem Blick können Sie so leicht erfassen, wo und wie erfolgreich ein Akquisiteur sein wird. Wenn Sie berücksichtigen, dass die Phasen vom Start bis zum Auftrag ein halbes Jahr, ein Jahr, ja manchmal sogar anderthalb Jahre dauern können, verrät die Pipeline exakt den Zukunftserfolg.

Entscheidend ist zudem, welches Volumen der jeweilig diskutierte Auftrag hat. Handelt es sich um einen Mehrmillionen-Großauftrag oder um einen kleinen Auftrag über vielleicht 20 000 Euro? Ferner ist zu berücksichtigen, dass bei einem größeren Auftrag die Gewinnspanne oder – je nach Rechnungsweise – der Deckungsbeitrag DB 1,2 3 oder der Ebit erheblich ist oder nicht. Und natürlich fließen in die Bewertung der potenziellen Aufträge auch Folgekosten mit ein.

Grundsätzlich aber ermöglicht die Pipeline mit einem Blick die exakte Zukunftsvorhersage.

3. Arithmetik der Gewinner

Quantifizieren Sie den Stand Ihrer Projekte. Tragen Sie in obiges Trichtermodell die entsprechenden Zahlen in die betreffenden Pools, die für Ihre konkreten Projekte und Kunden stehen, ein. Arbeiten Sie dann exakt heraus, in welcher Situation sich die Akquisitionsprojekte, die einzelnen Kundenkontakte derzeit befinden. Legen Sie den Ablauf der einzelnen Stufen genau fest. So können Sie leicht ermitteln, wo Sie gerade stehen. Sind Sie noch am Start, schon in der Mitte oder bereits kurz vor dem Ende? Je größer die Menge an Kunden ist, die Sie bereits in der unteren Stufe der Pipeline angesiedelt haben, desto besser können Sie schlafen.

Ob Sie für die Aufstellung der Pipeline ein fertiges, computergesteuertes System verwenden oder ein maßgeschneidertes anfertigen lassen, ist zweitrangig. Es kommt darauf an, exakt zu wissen, wo sich im Rahmen der Akquisition arithmetisch Ihre einzelnen potenziellen Kunden befinden.

4. Pools – die alte deutsche Pensumsidee

Potenzielle Kunden können Sie unterschiedlich klassifizieren. Es gibt sehr viele Möglichkeiten der Unterteilung. Die Hauptsache ist, dass Sie überhaupt unterteilen. Zum Beispiel könnten Sie Ihre potenziellen Kunden nach Branchen sortieren. Eine andere Möglichkeit wäre, die Kunden nach den Lösungen, die sie anbieten, zu unterteilen. Wieder eine andere Strukturierungsform könnte sich an der Größe der Kunden orientieren. Empfehlenswert ist eine möglichst umfassende Klassifizierung. Unterscheiden Sie Ihre Kunden erstens nach Branchen, zweitens nach ihrer Größe und drittens nach den angebotenen Lösungen.

Kundengruppen, so genannte Pools, haben auch eine emotionale Qualität. Sie gehorchen dem guten alten Pensumsgedanken. Sie lassen sich abarbeiten, gehen zu Ende, können leer gefegt werden. Wenn Sie zum Beispiel drei Pools bearbeiten und diese nach dem Trichtermodell Stufe für Stufe durchlaufen, haben Sie irgendwann einen Pool abgearbeitet. Sie haben akquisitorisch etwas zu Ende gebracht. Dies verstärkt das gute Gefühl, etwas geleistet zu haben.

Ansonsten wäre Akquisition ein undankbares, weil unendliches Geschäft. Es führt zu Unzufriedenheit, wenn man ständig meint, dass man eigentlich rund um die Uhr noch weitere Akquisitionsarbeiten erledigen könnte. Irgendetwas geht ja immer noch. Mit der Pool-Idee können Sie Ihr erforderliches Akquisitionsgeschäft besser definieren: Sie arbeiten einen Pool ab, erledigen ein Pensum, erreichen Ihre Vorgaben in Etappen.

Der Blick auf die Pipeline, in der die einzelnen Stufen und die unterschiedlichen Pools aufgeführt sind, zeigt auch: Wer mehrere Pools bedient, also breiter aufgestellt und gestreut ist, und wer den Pipeline-Trichter nach unten am besten gefüllt hat, ist auf der Siegerseite. Der Sieger ist so schon am Start zu erkennen – an der Art, wie er seine Pipeline füllt.

5. Zu viel, zu wenig – das passende Volumen

Ein Sieger kennt seine persönliche Akquisitionsquote. Nur ein verzweifelter Spieler setzt alles auf einen einzigen Wurf. Wer nur einen einzigen Kandidaten anspricht, agiert mit einer Trefferquote von 1:1 und mit entsprechendem Risiko. Eine solche Quote dürfte eher selten sein. Meistens liegen die Quoten bei 1:4 oder 1:5 oder 1:3.

Wer einmal trifft, ist aber noch kein guter Schütze. Es ist kein Geheimnis, dass die besten Akquisiteure in der Regel größere Mengen bedienen. Wenn Sie nur zehn potenzielle Kunden ansprechen, und Sie haben eine Trefferquote von 5:1, dann können Sie aller Wahrscheinlichkeit nach zwei Kunden bzw. Projekte gewinnen. Aber das kann natürlich auch schief gehen. Viel besser ist es daher, möglichst viele potenzielle Kunden anzusprechen. Je höher die Zahl, um so größer ist die Chance, gute Ergebnisse zu erzielen. Professionalität zeichnet sich dadurch aus, dass sich in wiederholtem Handeln immer wieder Erfolge einstellen.

Angenommen, Sie hätten das Ziel, in einem Jahr 20 Millionen Euro Umsatz zu machen, und Sie könnten dieses Ziel mit nur zwei Großkunden erreichen. Damit erhöht sich natürlich das Risiko. Bricht einer der beiden weg, fehlen Ihnen bei dieser Gewichtung im Endeffekt 10 Millionen. Streben Sie dasselbe Ziel mit vielen kleineren Kunden an, verringert sich der potenzielle Verlust. Es liegt in Ihrer Hand, für eine gesunde Mischung zu sorgen.

Worauf es ankommt, lässt sich an einem Beispiel verdeutlichen. Stellen Sie sich vor, Sie befinden sich in einem Gespräch und platzieren fünf Meter von Ihrem Gesprächspartner entfernt einen Folienschreiber. Dann bitten Sie Ihren Gesprächspartner, den Stift aus dieser Entfernung mit einer Euromünze umzuwerfen. Sofern dieser Wurf nicht gerade von einem Dartprofi ausgeführt wird, wird der Euro aller Wahrscheinlichkeit nach ins Leere gehen. Nun bitten Sie Ihren Gast, nochmals zu werfen. Inzwischen haben Sie aber zehn Stifte nebeneinander aufgebaut, sodass Ihr Gesprächspartner wohl auf jeden Fall einen der Schreiber treffen wird. Trifft er nicht auf Anhieb, können Sie ihn bitten, näher an die Stifte ranzugehen – möglicherweise hat er in seiner Praxis als Akquisiteur zu wenig Kundennähe. Irgendwann wird eine Distanz erreicht sein, von der aus jeder in der Lage ist, den Folienschreiber zu treffen.

Das Geheimnis liegt also in der Größe der Zahl. Es ist für einen Akquisiteur empfehlenswert, 30 potenzielle Kunden oder Projekte permanent anzusprechen. Fallen Kunden raus, können aus der Pipeline wieder neue Kunden nachgeschoben werden. Seien Sie dabei sich selbst gegenüber ehrlich. Wenn Sie merken, dass bestimmte Kunden nicht erfolgreich sind, sollten Sie diese aus der Pipeline entfernen. Schleppen Sie keine Karteileichen mit. Diese erzeugen nur eine aufgeblasene Akquisitionsliste, in der eine Menge drin steht, ohne dass irgend etwas läuft.

Nicht selten schwindeln sich Top-Verkäufer oder solche, die sich dafür halten, etwas vor, indem sie bestimmte potenzielle Kunden und Projekte nicht angeben und dadurch im Endergebnis auf Spitzenquoten kommen. Wüsste man die exakten Zahlen, sähe es anders aus. Wer 1:2 sagt und 1:3 realisiert, verschweigt ein Drittel.

Besser ist es, ein großes Volumen zu schaffen, auch wenn Sie nicht immer wissen, ob Sie damit hundertprozentig richtig liegen. Eifern Sie nicht dem Professor nach, der schon auf dem Feld des Bauern für nichts zu gebrauchen war, und deshalb die Aufgabe gestellt bekam, Kartoffeln lediglich der Größe nach zu trennen. Morgens war er eingesetzt worden, abends saß er immer noch da, hatte aber nichts bewegt. Zum Entsetzen des Bauern hielt er eine große und eine kleine Kartoffel in der Hand und philosophierte vor sich hin: „Ist die groß, ist die nicht groß, und was bedeutet überhaupt groß und klein?" Perfektionismus ist unangebracht und die Unfähigkeit, eine Entscheidung zu treffen, ist auch eine Entscheidung.

6. Übertreiben, untertreiben: Wahrscheinlichkeiten

Stichwort Selbsteinschätzung: Je nachdem, auf welcher Stufe Sie sich bewegen, variiert natürlich die Chance für einen Abschluss. Es hat sich bewährt, bei der Auftragswahrscheinlichkeit mit folgenden Zahlen zu operieren: 0 Prozent, 40 Prozent, 60 Prozent, 80 Prozent, 100 Prozent.

40 Prozent heißt, dass Sie den Eindruck haben, dass der Kunde Interesse hat, mit Ihnen zusammenzuarbeiten. Sie sind in der Phase des Closing angelangt und haben ein gutes Gefühl. Bei 0 Prozent fehlt dieses Gefühl völlig. 60 Prozent ist dann eine realistische Annahme, wenn der Kunde Ihnen sagt, dass er Ihr Angebot positiv bewertet. Bei 80 Prozent sind Sie dann angelangt, wenn Ihnen der Entscheidungsträger, von dem das „Ja" oder „Nein" abhängt, sagt, dass Sie den Auftrag bekommen („Gehen Sie mal davon aus ..."), und bei 100 Prozent haben Sie den Auftrag schriftlich und unterschrieben in Ihrer Aktentasche.

	0	40	60	80	100
0 %	= Es besteht mit dem Kunden Kontakt – das potenzielle Projekt (Dienstleistungs-Lösung) ist grob benannt.				
40 %	= Der Fachvertrieb schätzt das potenzielle Projekt auf Grund von Signalen des Kunden, die er bewertet, positiv ein. Der Entscheidungsträger hat sich hierzu noch nicht definitiv positiv geäußert.				
60 %	= Der Entscheidungsträger formuliert positive Einschätzungen, die einen Abschluss wahrscheinlich machen, Wettbewerber können aber sehr wohl noch aktiv sein.				
80 %	= Der Kunde erteilt den Auftrag mündlich.				
100 %	= Auftrag				

Abbildung 5: Wahrscheinlichkeit

Bringen Sie diese Wahrscheinlichkeitswerte mit den einzelnen Pools in Verbindung, so wird Folgendes klar: Je tiefer sich Ihre Kandidaten in der Pipeline befinden, um so mehr wächst die Wahrscheinlichkeit für einen Auftrag.

Damit Sie bei diesem Zahlenspiel nicht allzu häufig enttäuscht werden, leistet eine Unterbewertung gute Dienste. Bewerten Sie die aktuelle Lage stets weniger euphorisch, ohne dass Ihre ansonsten positive Grundeinstellung dabei Schaden nimmt. Denn: lieber positive als negative Überraschungen erleben.

7. Den richtigen Zeitpunkt treffen

Sie kennen das: Sie haben alle Hände voll zu tun, Sie sind erfolgreich, Sie sind voll ausgelastet, Sie haben kaum Zeit. Denn nicht selten geht ein maximaler Erfolg auch mit entsprechendem zeitlichen Aufwand einher. Sie sind in Projekten engagiert, haben viele Engpässe zu bewältigen. Irgendwie bleibt keine Zeit für Akquisition. Also auf später verschieben?

Genau das wäre das Dümmste, was Sie tun könnten. Deshalb gilt der Grundsatz: Immer dann, wenn es eigentlich nicht geht, sollten Sie akquirieren. Handeln ist dann besonders sinnvoll, wenn es nicht notwendig erscheint. Denn in dieser Situation kann mit einer Leichtigkeit agiert werden, zu der man sich in Zeiten, in denen man unter starkem Erfolgsdruck steht, kaum aufschwingen kann. So bereiten Sie künftige Aufträge am besten vor.

Wer aus der freien Wahl heraus agiert, hat auch eine andere Ausstrahlung als derjenige, der aus einer Zwangslage heraus handelt und seinen potenziellen Kunden den Eindruck vermittelt, dass es fast schon zu spät ist. In einer solchen Verfassung zu akquirieren senkt die Erfolgschancen ganz entscheidend. Während der Abschwungphase hat man zwar genügend Zeit, aber die Pipeline ist dann in der Regel nicht entsprechend vorbereitet, sodass man in Hektik und Stress gerät.

Diese Gemütsverfassung können Sie vor potenziellen Auftraggebern kaum verbergen. Der Kunde spürt, ob ein Akquisiteur aus der Position „Muss“, wenn Aufträge fehlen, oder aus der Position „Wahl“ heraus akquiriert.

8. Engagement oder Schlaf

Kein Tag ohne Akquisition! Wenn Sie jeden Tag mindestens drei Anrufe in potenzielle Kunden investieren und gezielt auf drei Entscheidungsträger zusteuern, dann sind das 15 Kontakte in der Woche, 45 im Monat und 450 im Jahr. Es ist sinnvoll, jeden Tag etwas für die Akquisition zu tun, sich täglich für seinen Erfolg zu engagieren.

Wenn Sie täglich Akquisitions-Telefonate führen, und zwar – wie hier empfohlen – mindestens drei pro Tag, wird es sehr häufig vorkommen, dass der Kunde nicht zu erreichen ist. Dann liegt es an Ihnen, die Qualität des Anrufs zu bestimmen. Sie könnten für sich festlegen, dass drei Anrufe pro Tag nur dann gelten, wenn Sie entweder mit dem Entscheidungsträger selbst gesprochen haben oder wenn ein Gesprächstermin vereinbart wurde.

Die Anzahl der Anrufe hängt natürlich auch davon ab, welche Lösungen Sie im Markt anbieten. Es mag ausreichen, dass Sie pro Tag einen Anruf tätigen, aber dann wäre es ratsam, kritisch zu überprüfen, ob Sie mit Ihrem Geschäftsmodell langfristig Erfolg haben. Wenn Sie zu denen gehören, die nur zehn Kunden im Markt haben und zudem noch einem intensiven Wettbewerb unterliegen, gibt es wenig zu akquirieren. Sie kennen Ihre Kunden und basta.

Noch ein Tipp: Rufen Sie den Entscheidungsträger immer dann an, wenn er da ist. Das hört sich spaßig an, ist aber ernst gemeint und basiert auf Erfahrung. Nicht selten bringen meine Juniorpartner, die den Auftrag haben, Kontakte zu knüpfen, die Entschuldigung vor, sie versuchten bereits seit einer Woche den Kunden telefonisch zu erreichen, bekämen aber nie die Richtigen ans Telefon. Dann erteile ich ihnen regelmäßig den oben genannten Rat. Nicht fragen, wann jemand da ist, sondern es oft genug versuchen. Die Wiederholung, die Häufigkeit und die Ausdauer bringen den Erfolg. Dranbleiben! Irgendwann klappt es.

9. Der elegante „Pool-Mix"

Sie können die unterschiedlichen Pools, die Sie brauchen, prozentual exakt mischen. Wie viele Pools wollen Sie in den Bereichen Branche, Größe, Lösung bedienen? Wenn Sie eine ausgewogene Mischung zusammenstellen, können Sie breit agieren, und Sie machen sich weitestgehend unabhängig von der jeweiligen Branchenkonjunktur.

Analysieren Sie die unterschiedlichen Qualitäten der für Sie relevanten Pools, und machen Sie sich Ihre Lage bewusst. Stellen Sie fest, wie stark Sie in den unterschiedlichen Pools engagiert sind. Gestalten Sie hier einen richtigen Mix, so dass Sie entsprechend flexibel aufgestellt sind.

Kapitel 2

Das Projekt, den Kunden mit der **Erfolgsplattform** gewinnen

1. Die Idee der Erfolgsplattform
2. Dilemma in der Praxis
3. Und was steht genau drin?
4. Das Geheimnis der Systematik

BEISPIEL

Jede gute Idee hat eine Vorgeschichte. Egal, worum es sich bei der Idee handelt, mit welcher Innovationskraft sie neue Lösungen offeriert und welche Zustände sie verbessern hilft, die Vorgeschichte dreht sich meistens ums Scheitern.

Was wurde im Vorfeld nicht alles ausprobiert, und welche Niederlagen waren hinzunehmen, bevor die gute Idee endlich griff! Eine ähnliche Vorgeschichte der Misserfolge stand auch vor der Erfolgsplattform, diesem Zauberinstrument, von dem wir Ihnen im Folgenden ausführlich berichten werden. Bevor wir dieses Werkzeug Gewinn bringend anwendeten, bemühten wir uns vergebens um jene Transparenz, die eine gut gestaltete Erfolgsplattform erzeugt.

Zu Beginn unserer Tätigkeit konzentrierten wir uns sehr darauf, einen Fragenkatalog zu entwickeln, mit dem wir unsere Kunden optimal erfassen konnten. Es haperte an der Umsetzung in die Praxis. Wir hatten 60 bis 70 Fragen formuliert, aber es gelang nicht, die entsprechenden Daten kontinuierlich zu pflegen. Immer wieder mussten wir erleben, dass die notwendigen Erkenntnisse verbummelt wurden und das Instrument nicht funktionierte. Daher war es notwendig, eine neue Idee zu entwickeln, die sich mit geringerem Aufwand realisieren ließ. Die Erfolgsplattform lieferte die Lösung. Sie zeigt den Stand der Dinge auf einen Blick, sie sammelt alles Wichtige, alle Eckdaten auf einer einzigen Seite.

1. Die Idee der Erfolgsplattform

Die Pipeline lässt das grundsätzliche Potenzial der Akquisition erkennen. So viele Kunden und Projekte haben Sie, so viele Kunden und Projekte benötigen Sie, um Ihre Ziele zu erreichen. So können Sie, wenn die Pipeline nicht gefüllt ist, überschauen, was zu tun ist und welche Maßnahmen Sie ergreifen müssen.

Die Erfolgsplattform ist die Sammelbüchse. Sie konzentriert sich auf das Potenzial, welches in jedem einzelnen Kunden steckt. Die Zwischenergebnisse aller Stufen der Akquisition können Sie mit dieser Übersicht auf einen Blick erfassen. Alle relevanten Daten, die Sie während der Akquisition bis zur Auftragserteilung sammeln, werden hier dargelegt, so dass alle Beteiligten deutlich und rasch erkennen können, in welcher Phase sich ein Akquisitionsprojekt befindet und welche Chancen es bietet.

2. Dilemma der Praxis

Manche Unternehmen geben viel Geld für Software aus, die es ermöglicht, große Datenmengen irgendwie und irgendwo „sinnvoll" zu speichern. Und im Umgang mit großen Organisationen und Unternehmen ist immer wieder zu beobachten, dass die so gesammelten wichtigen Kundeninformationen auf vielen verschiedenen losen Blättern festgehalten sind. Und ebenso oft ist festzustellen, dass solche Systeme nicht richtig gepflegt werden, dass sie selten aktuell sind, und dass dann, wenn Meetings anberaumt sind, irgendwelche Unterlagen hastig zusammengestellt und zusammengebastelt werden.

Und das, was besprochen wurde, wird in der Praxis oft nicht durchgeführt. Die Folge ist: Die Projekte sind zwar strategisch gut geplant, liefern aber in der Praxis nicht die gewünschten Resultate. Wenn nur zwei, drei Projekte betreut werden, kann eine solche Vorgehensweise unter Umständen noch gut gehen, aber bei einer steigenden Zahl von Projekten nimmt das Chaos zu, und es wächst die Gefahr, sich zu vergaloppieren.

Für die unterschiedlichen Abteilungen in einem Unternehmen wird es dann immer komplizierter, Gesamtzusammenhänge zu erfassen. Akquisition ist in der Regel ein Teamgeschäft. Teamakquisition erfordert aber Übersichtlichkeit. Wenn Informationen auf zig Seiten gesammelt und irgendwie zusammengefügt werden, blickt auf Dauer niemand mehr richtig durch. Steht dagegen alles auf einer Seite, hat jeder einen schnellen Zugriff auf die wichtigen Daten.

Wertvolle Dienste leistet die Erfolgsplattform auch bei Meetings der Vertriebsabteilung. Da wird dann oft ausführlich darüber geredet, wie weit ein Projekt fortgeschritten ist, welche Schritte noch zu gestalten sind, was noch fehlt, an welchen Stufen das Projekt nicht von der Stelle kommt, worin die Schwierigkeiten bestehen. Oft werden stundenlange, zeitraubende Diskussionen geführt, die sich mit der Erfolgsplattform erübrigen. Diese Übersicht liefert klare, auf den Punkt gebrachte Aussagen, die jeder bequem mitnehmen und bei sich führen kann. Und: Sie lässt die endlosen Diskussionen, von denen am Ende des Meetings wohl fast jeder das meiste schon wieder vergessen hat, überflüssig werden.

Auch die Controlling-Abteilung, die sich oft mit der Beschaffung und Auswertung von vielen verstreuten Informationen befassen muss, kann mit diesen Instrument schnell erfassen, worum es geht, welche Prioritäten zu setzen sind und ob man strategisch richtig liegt oder nicht.

3. Und was steht genau drin?

Die Erfolgsplattform enthält in knapper Form prägnante Informationen zu den Themen:

- **Ziel** = Wo wollen Sie hin?
- **Ist** = Wo stehen Sie?
- **Weg** = Was wollen Sie tun, um dahin zu kommen, wo Sie hin wollen?

Unter „Ziel“ ist als erster Punkt das Projektpotenzial aufgeführt. Welcher Umsatz, welcher Deckungsbeitrag, welcher Profit wird prognostiziert? Dann folgt die Lösung: Wie sieht die Kundenlösung aus, wohin will der Kunde, welche Dienstleistungslösung kann dem Kunden offeriert werden, damit er seine Ziele erreichen kann? Unter „Thema“ wird das festgehalten, was den Kunden genau interessiert. Es folgen Angaben darüber, bis wann der Auftrag zu erzielen ist, für welchen Zeitpunkt die Auftragsvergabe anberaumt wird und wer für das

Ziel		**Projekt-Potenzial**		**Lösung**		**Thema**		**Voraussichtlicher Auftrag**		**Verantwortlich** Team:	
Ist			Kontakt	Briefing	Diagnose	Idee	Angebot	Präsen-tation	Closing	Resultat	
			Tür 0 %	Wir/Pos 40 %			mdl. Auftrag 80 %		Auftrag 100 %		
	Political Poster	(C)Coach		Entscheidungsträger		Entscheidungsvorbereiter			Informant		1 = A
		(A) Anwender		ET:		EV:			IN:		2 = + 3 = –
		(E) Einkäufer/ Controller		ET:		EV:			IN:		4 = ./.
WEG		(G) Geschäftsführer		ET:		EV:			IN:		5 = •• 6 = 0
	Han-deln	Strategischer Hebel		Hindernis/Chance			Maßnahme			Zeit	

Abbildung 6: Erfolgsplattform

Projekt verantwortlich ist. Auch wenn ein Team akquiriert, trägt letztendlich immer einer die Verantwortung.

Die Rubrik IST spiegelt auf einen Blick wider, wie der Stand der Dinge auf den einzelnen Stufen ist, und zwar in der oben genannten Schrittfolge. Ansprache, Briefing, Diagnose, Konzept, Angebot, Präsentation, Closing und Resultat. Dann folgt der Status der Wahrscheinlichkeiten nach Prozenten. Hier können Sie ablesen, auf welcher Stufe der Erfolgswahrscheinlichkeit sich das Projekt gerade befindet.

Mit der Prozentzahl 0 bauen Sie eine zusätzliche kritisch-vorsichtige Messgröße ein. Sie besagt, dass mit dem Kunden Kontakt besteht und das potenzielle Projektlösungspotenzial grob benannt werden kann, ohne dass bereits nähere Angaben vorliegen.

In der ersten Spalte der Rubrik WEG finden sich Eintragungen zu den handelnden Personen im Unternehmen des Kunden. Wer ist Entscheidungsträger, welche Personen füllen dort welche Rollen aus? Diese Informationen können Sie dem „Political Poster" entnehmen. Dies ist ein Informationswerkzeug, das im Kapitel Diagnose ausführlich dargestellt wird. Sie müssen sich allerdings aus Datenschutzgründen auf allgemeine Angaben beschränken. Informationen, die darüber hinausgehen und Persönliches über einzelne Entscheidungsträger preisgeben, dürfen nicht erscheinen.

Die zweite Spalte der Rubrik WEG liefert Informationen über den Handlungsablauf. Mit welchem fachlichen oder persönlichen Hebel ist der Kunde zu gewinnen, welche konkreten Chancen räumt er dem Projekt ein und welche Bedenken hat er bezüglich der Realisierung des Vorhabens? Können dort nur oberflächliche Angaben gemacht werden, so ist dies ein Hinweis darauf, dass der Kunde intensiver betreut werden muss. Der Aspekt „Maßnahme" gibt Auskunft über das kreative Potenzial zur Lösung von Hindernissen. Kann nur auf Hindernisse reagiert werden, oder können zielorientiert Maßnahmen ergriffen werden, um Hindernisse im Vorfeld zu vermeiden? Der Aspekt „Zeit" gibt exakt Antwort auf die Frage, ob sich Handlungen in einem bestimmten Zeitraum auch umsetzen lassen. Natürlich wird es immer eine Vielzahl von Handlungsmöglichkeiten geben, doch reicht oder lohnt sich dafür auch die Zeit, die investiert werden soll?

Alle Angaben, die unter dem Aspekt „Handeln" in der Rubrik WEG aufgeführt werden, liefern ein deutliches Bild der Qualität der geleisteten Arbeit. Wird für jeden Kunden, für jedes Projekt ausreichend differenziert, oder können immer nur die gleichen Lösungen geliefert werden? Wird ein Kunde eingehend diagnostiziert oder nur oberflächlich? Ist Letzteres der Fall, folgt daraus quasi automatisch die Notwendigkeit, den Kunden und sein Unternehmen einer tiefergehenden Diagnose zu unterziehen.

4. Das Geheimnis der Systematik

Die Erfolgsplattform erfüllt nur dann ihre Aufgabe als Akquisitionsinstrument, wenn die Schlüsselinformationen auf einer Seite erfassbar sind. Nur in dieser Form kann sie permanent die vorgesehene Wirkung auf die Beteiligten erzielen. Werden die Informationen dagegen an mehreren Stellen aufbewahrt und in unterschiedlicher Weise gepflegt, erfolgt keine professionelle Steuerung. Die Plattform kann nicht entsprechend wirken. Dieser ganzheitliche Aspekt ist wesentlich für die Erfolgsaussichten der Erfolgsplattform. Würden Sie zwei Seiten verwenden, würde dieses Instrument seine Wirkung verlieren, und die Zettelwirtschaft würde über kurz oder lang wieder eingeführt.

Erfasst man hingegen die Sachverhalte ganzheitlich auf einen Blick, werden die Beziehungsverhältnisse sofort deutlich. Alle Informationen gehören ja zu einem Netz, zu einem Projekt, alle Akquisitionshebel dienen dem gemeinsamen Ziel, einen Auftrag zu erhalten. Fügen Sie deshalb alle Informationen zu einem Ganzen zusammen, und nutzen Sie die Erfolgsplattform!

Kapitel 3

Welcher **Akquisitionskanal** passt zu Ihnen?

1. Für die Akquisitions-Könner: Kalt
2. Aufträge erfolgreich verkaufen: Follow
3. Lassen Sie sich empfehlen: Lead
4. Der Kunde droht mit einem Auftrag: Anfrage
5. Mit Kooperationen geht's eleganter: Partner
6. Die „Netze" nutzen: Cross
7. Vorträge, Messen, Events: Aktion
8. Gemeinschaften nutzen: Club
9. Alles auf einmal: Puzzle
10. Kundenorientierung „leben": Added Value

BEISPIEL

Das Unternehmen Mercuri Goldmann beschäftigt sich mit der Steigerung von Umsätzen und Gewinnen verkaufsorientierter Unternehmen. Ein neuer Partner sollte auf Herz und Nieren geprüft werden. Es kam also der Neue, ein Könner, ein Mann, den man mit unglaublich vielen Vorschusslorbeeren behängt hatte. Dieser Mann wurde jedoch nach der Probezeit sehr uncharmant aufgefordert, das Unternehmen wieder zu verlassen. Was war in der Zwischenzeit vorgefallen? Der neue Partner wollte für Mercury Goldmann Kunden gewinnen, indem er die Kunden alter Projekte aus seiner alten Firma neu ansprechen und diese Beziehungen dazu nutzen wollte, Aufträge zu akquirieren. Das ist mit Sicherheit eine gute Idee, aber sie reicht einfach nicht aus.

Neben dem „Aufwärmen" alter Kontakte ist Kaltakquisition ohne genaue Kenntnis der Entscheidungsträger im jeweiligen Unternehmen unerlässlich.

Selbstverständlich werden Aufträge und Projekte, die gut gemanagt werden, dazu führen, dass sich Folgeaufträge automatisch ergeben. Sicherlich ist es auch sehr hilfreich, dass Kunden Ihr Unternehmen anderen Unternehmen weiterempfehlen. Ebenso wirksam ist es, mindestens zwei bis drei Vorträge pro Monat zu halten und mindestens einmal im Monat in irgendeinem Massenmedium erwähnt zu werden.

Förderlich für die Kundengewinnung sind auch Kooperationen mit anderen Firmen oder eine ansprechende Internetseite. Will man in Kontakt kommen, ist es absolut falsch, nur auf eine Schiene, auf einen Kanal zu bauen. Es ist kaum zu glauben, dass es Profis gibt, die tatsächlich glauben, dass ein Weg, eine Methode ausreicht. Das hat etwas mit Glück, aber nichts mit Professionalität zu tun.

Wenn Sie sich für ein Unternehmen entschieden haben, lauten die Kernfragen: Wie schließen Sie die Tür auf, wie erhalten Sie die Chance für ein Gespräch, wie kommen Sie mit den Personen zusammen, die die Entscheidungskompetenz haben?

1. Für die Akquisitions-Könner: Kalt

Haben Sie noch gar keinen persönlichen Kontakt, vielleicht eine Telefonnummer, den Firmennamen oder auch gar nichts, heißt das Geschäft Kaltakquisition. Es besteht darin, potenzielle Kunden anzusprechen, die Sie noch nicht kennen, um auf diesem Wege mit Entscheidungsträgern für neue Projekte in Kontakt zu kommen.

Damit dies gelingen kann, ist es erforderlich, dass Sie etwas Außergewöhnliches anzubieten haben. Etwas, was dem Kunden mehr bietet als das Herkömmliche, und das sich vom Althergebrachten unterscheidet. Dies könnte zum Beispiel eine Lösung sein, die im Trend liegt und für den potenziellen Kunden aktuell ist, ein Produkt oder Projekt, das Ihrem potenziellen Kunden den entscheidenden Vorsprung gegenüber dem Wettbewerb verschaffen kann.

Sie sollten etwas anbieten können, was Kunden wirklich stark interessiert und berührt. Ansonsten wandert das Lösungsversprechen, mit dem Sie den Kunden beglücken wollen, höchstwahrscheinlich im Papierkorb. Unternehmen sind heutzutage mit so vielen Anbietern konfrontiert, die Anschreiben verschicken oder auf andere Weise versuchen, mit ihnen in Kontakt zu treten, dass Sie schwerlich eine Chance auf dem Markt haben werden, wenn Sie die gängigen Leistungen anbieten.

Bevor Sie Kontakt aufnehmen, sollten Sie eine Idee entwickeln, in der ein hoher Nutzen für den Kunden steckt. Und: Wenn Sie geschäftlich oder privat Kontakt aufnehmen wollen, müssen Sie sich eine kreative Ansprache einfallen lassen. Ansonsten laufen Sie Gefahr, abzublitzen.

Haben Sie sich genügend und erfolgreich den Kopf zerbrochen, können Sie damit beginnen, Ihre Idee sowie die Ansprache eines potenziellen Kunden individuell zu gestalten. Fügen Sie Ihrer Anfrage etwas hinzu, was diese aus der Masse der Anfragen herausragen lässt und was die Wahrscheinlichkeit erhöht, dass sie nicht im Papierkorb landet.

Ein von Ihnen verfasstes Buch, das Sie einem Anschreiben beifügen, ist eine Möglichkeit, mit der Sie die Aufmerksamkeit, die Ihrer Anfrage entgegengebracht wird, steigern können. Falls Sie noch kein Buch geschrieben haben – das soll es ja auch geben –, sollten Sie sich etwas Spannendes einfallen lassen, zum Beispiel eine Studie, einen besonderen Zeitungsartikel, etc. Wählen Sie eine Beigabe, die den Kunden interessieren könnte. Kontraproduktiv ist es, dem Anschreiben lediglich ein Präsent beizufügen, das keinen Bezug zu Ihrem Geschäftsanliegen hat. Sparen Sie das Geld, oder essen Sie die Pralinen lieber selbst.

Bei der Gestaltung des Anschreibens sollten Sie sich Mühe geben. Das Anschreiben verfolgt das Ziel, dass Sie zu einem Gesprächstermin eingeladen werden. Achten Sie auf die Richtigkeit des Inhalts, den Sie auf jeden Fall in Schönschrift zu Papier bringen sollten. Seien Sie penibel darin, Ihre Kunden ordnungsgemäß anzuschreiben, mit dem richtigen Namen, Vornamen und Titel. Weil heutzutage Positionen oft kurzfristig neu besetzt werden, sollten Sie die entsprechenden Angaben generell überprüfen. Wenn Sie zum Beispiel den bewährten Hoppenstedt benutzen, der eine Fülle von Adressen aus der Wirtschaft enthält, so sollten Sie sich auf keinen Fall ausschließlich auf das, was in der letzten Ausgabe angegeben ist, verlassen. Denn, wenn die Namen nicht stimmen und Sie trotzdem etwas losschicken, dann ...? Richtig, Ihr Anschreiben landet im Papierkorb.

Wenn Sie davon ausgehen können, dass Ihre Post am richtigen Ort angekommen ist, steht in der Regel das Telefonat mit der Sekretärin des Ansprechpartners an. Das einzige Ziel dieses Telefonats ist es, einen persönlichen Gesprächstermin zu vereinbaren.

Beim Telefonat dürfen Sie getrost davon ausgehen, dass die Sekretärin sich zunächst nicht an Ihre Sendung erinnert. Das ist einfach so. Zeigen Sie sich nicht erstaunt darüber, es ist ganz normal, wenn Sie solche Worte vernehmen wie: „Haben wir nicht erhalten, wissen wir nicht und überhaupt ..." Falls Sie Ihrem Anschreiben eine Beigabe hinzugefügt haben, sollten Sie sich nun auf diese beziehen. Meist folgt dann ein „Ach ja, ich erinnere mich." Wenn sich die Sekretärin allerdings beim besten Willen nicht an Ihr Anschreiben erinnern kann, sollten Sie das Telefonat mit einem aufmunternden „Alles klar, kommt noch mal" beenden. Das ist besser als zu lamentieren.

Wenn es beim soundsovielten Anruf dann klappt und die Sekretärin sich an Ihr Anschreiben erinnert, sollten Sie respektvoll mit ihr reden. Wenn sie fragt, worum es geht, sollten Sie kurz und knapp antworten.

Auch bedarf es da keiner gedrechselten Sprache, es genügt, ganz normal zu sprechen. Und zwar über das, was Sie eigentlich möchten, das wird meistens gut verstanden. Bemühen Sie sich um ein gutes Klima, denn es kann wichtig für Sie werden, in der Sekretärin eine Verbündete zu haben, die Sie bei Ihrem Anliegen unterstützen kann.

Sehr häufig können Sie dann einen Gesprächstermin vereinbaren. Falls die andere positive Variante eintritt und Sie weiterverbunden werden, sodass Sie bereits mit dem Entscheidungsträger sprechen können, ist Zurückhaltung geboten. Die Hauptzielsetzung bleibt es, einen persönlichen Termin zu vereinbaren. Deshalb nicht schon telefonisch Lösungen anbieten. Betonen Sie in dem Gespräch lieber Aspekte, die Neugier wecken. Das erhöht die Chance für einen persönlichen Gesprächstermin.

Ob Sie bei diesem Gespräch mit einem Telefonskript arbeiten, ist nebensächlich. Wenn Sie es tun, sollten Sie nicht der Versuchung erliegen, so zu reden, dass der Gesprächspartner den Eindruck gewinnen könnte, es werde etwas Erlerntes vorgetragen. Es ist allerdings ratsam, sich vorher angemessen darüber Gedanken zu machen, wie man das Gespräch führen und was man mitteilen möchte.

Verschießen Sie Ihr Pulver nicht zu früh, indem Sie zu viel am Telefon erzählen. Das sollten Sie vor allem dann nicht tun, wenn Sie an die falschen Stellen in einem Unternehmen geraten sind. Wer als Unternehmensberater größere Projekte akquiriert, für den ist ein Personalentwickler nicht der richtige Ansprechpartner. Und denken Sie daran: Nicht wenige Mitarbeiter üben sich in der Praxis, Konzepte abzukupfern, um sie dann als ihre zu verkaufen.

Welche Projekte oder Lösungen Sie auch anbieten, immer gilt es, über Linien zu gehen, zu den Personen, die wirklich etwas zu entscheiden haben. Sich statt dessen zu lange bei den Stabsstellen aufzuhalten, ist mühselig und hilft Ihnen nicht weiter.

2. Aufträge erfolgreich verkaufen: Follow

Hier ist die Ausgangsposition eine andere und bessere. Follow kommt erst dann ins Spiel, nachdem Sie bei einem Kunden einen guten Job gemacht und ein Projekt erfolgreich durchgeführt haben. Sie haben die vom Kunden gewünschten Ziele erreicht, der Kunde war mit dem Resultat und der Art und Weise, wie Sie vorgegangen sind, zufrieden. Er hat den Weg, durch den das Ergebnis erzielt wurde, gutgeheißen, und war nicht zuletzt auch von Ihrer Leistung und von Ihrem Engagement angetan. Kurz, der Kunde kann von drei Erfolgsstorys berichten. Daher wird es für Sie ein Leichtes sein, durch konsequente Ansprache des Kunden auch Folgeaufträge zu akquirieren. Das könnte dann so aussehen, dass der Kunde Ihnen grünes Licht für ein ganz neues Projekt gibt oder dass Sie im Rahmen eines Projekts eine neue Thematik anschließen können.

Doch Geduld: Das bedeutet nicht, dass der neue Auftrag, die neue Arbeitsaufgabe direkt am nächsten Tag erteilt wird oder im nächsten Monat startet. Bis dahin kann ein halbes Jahr oder ein noch längerer Zeitraum vergehen. Zwischen zwei Aufträgen liegt sogar meistens eine längere Zeitspanne, nur selten wird im Anschluss an ein Projekt direkt ein neuer Auftrag vergeben. Es wäre deshalb ungeschickt, übermäßig zu drängeln. Allzu lange zu warten und zu glauben, der Follow-Auftrag käme von alleine, ist aber auch verkehrt. Sie müssen auf sich aufmerksam machen – mit einer Portion Gelassenheit.

Wer keine Folgeaufträge bekommt, sollte dies als ein Zeichen dafür auffassen, dass das Projekt nicht gut genug war – anstatt sich rauszureden mit dem beliebten Argument, dass der Preis wohl nicht gestimmt hat. Oder zu sonstigen Ausflüchten zu greifen, die viel zu häufig zu hören sind. Dann heißt es etwa, dass der Kunde kein Interesse, keine Zeit, keinen Bedarf usw. habe. Es ist im eigenen Interesse einfach besser, davon auszugehen, dass die Leistung nicht gestimmt hat. Nur wer so denkt, bleibt der Akteur und ist bereit, ist motiviert genug, an sich zu arbeiten und sich zu verbessern.

3. Lassen Sie sich empfehlen: Lead

Eine Lead-Anfrage kommt durch Empfehlung zu Stande. Wenn Sie zum Beispiel für die Abteilung Pharma bei einem Chemieunternehmen gearbeitet haben und dann die Möglichkeit erhalten, dort in der Abteilung Tiergesundheit zu agieren, so handelt es sich um ein Lead. Bei einem großen Konzern würden Sie aufgrund der Empfehlung in einem neuen Firmenbereich tätig werden. Es ist aber auch möglich, dass ein Einzelkunde Sie auf dem Markt an ein anderes Unternehmen weiterempfiehlt.

Man sollte sich allerdings durch Empfehlungen nicht dazu verleiten lassen, in Passivität zu verfallen und zu glauben, dass man darauf warten kann, weiterempfohlen zu werden. Das ist zwar die gängige Praxis, aber meistens wird vergessen, den Kunden direkt darauf anzusprechen, ob er ein Lead geben kann oder will. Sträflicherweise, denn Erfolg hat nur, wer etwas tut, während andere auf das Glück warten.

Einen Kunden, der zögert, ein Lead zu geben, sollte man diesbezüglich direkt ansprechen und zwar mit den Worten: „Irgendwo scheinen Sie mit der Leistung nicht zufrieden zu sein." (Dieser rhetorischen Strategie kann man sich natürlich nur dann bedienen, wenn man weiß oder sich sicher sein kann, dass der Kunde mit dem Service zufrieden war bzw. ist.)

Wird der Kunde so direkt angesprochen, wird er meistens abwiegeln und nachfragen, warum Sie das sagen. Darauf passt dann gut die Antwort: „Kunden, die mit mir sehr zufrieden sind, geben immer mindestens drei Leads." Dann lächelt der Angesprochene in der Regel und fügt etwas im Sinne von: „Na ja, dann wollen wir mal sehen", hinzu. Diese Vorgehensweise wirkt charmant. Sprechen Sie den Punkt Lead an, drücken Sie sich dabei klar genug aus, statt zu denken, Sie bekämen den Lead automatisch.

Sie gewinnen mehr Übersicht, wenn Sie eine Liste erstellen, auf der diejenigen Kunden oder Entscheidungsträger notiert sind, die Sie als potenzielle Lead-Geber einstufen. Wenn Sie davon überzeugt sind, dass ein Kunde Ihnen weiterhelfen kann, sollten Sie ihn in diese Liste aufnehmen. Pflegen Sie diese Kontakte. Das gilt vor allem dann, wenn Ihnen der Kunde sympathisch ist. Es ist jedoch davon abzuraten, sich mit einem Kunden zusammenzuraufen, von dem man eventuell ein Lead erhalten könnte, der einem aber unsympathisch ist. Verfahren Sie nicht nach dem Motto: „Egal, Hauptsache Auftrag." Langfristig wird sich dies nicht auszahlen.

4. Der Kunde droht mit einem Auftrag: Anfrage

Das Kapitel Anfrage ist deshalb einfach abzuhandeln, weil Sie nichts weiter zu tun brauchen. Sie werden angesprochen, mit einem Angebot ausgestattet. Der Auftrag ereilt Sie sozusagen.

Ähnlich verhält es sich bei Ausschreibungen, an denen Sie sich aus freien Stücken beteiligen oder auf die Sie hingewiesen werden. Auch hier ist das Knüpfen von Kontakten kein Thema, die Akquisition ist in diesem Fall Sache des Kunden.

Natürlich hängt die Anfrageintensität aus dem Markt davon ab, wie bekannt Sie sind, wie Sie Ihre Marke etablieren konnten, wie stark Ihr Image penetriert ist. Von diesen Faktoren hängt die Zahl der Anfragen ab.

In der Regel umfasst die Pipeline jedoch einen engeren Markt. Und in diesem Falle können Sie es fast immer schaffen, mit selektierten Marketingleistungen in der Zielbranche einen hohen Markt- und Bekanntheitsgrad zu erreichen.

5. Mit Kooperation geht's eleganter: Partner

Das Hauptmerkmal der Partnerakquisition ist die Kooperation mit anderen Leistungsträgern, die zu Ihrem Angebotsspektrum eine synergetische Leistung anbieten können. Überprüfen Sie Ihren Markt auf mögliche Kooperationspartner.

Neben der Möglichkeit, dass Sie Ihre Kernkompetenz und Ihre Leistung mit Leistungen anderer Anbieter verknüpfen, besteht auch die

Möglichkeit, mit Vertriebsorganisationen zusammenzuarbeiten. Mit Unternehmen, die zum Beispiel EDV-Vertriebssysteme anbieten, kooperieren Sie dadurch, dass gleichzeitig mit dem Verkauf der Software Ihre Leistung mit angeboten wird.

6. Die „Netze" nutzen: Cross

Oberstes Gebot bei der Cross-Akquisition sind klare Spielregeln, die penibel zu kontrollieren sind. Denn bei der Cross-Akquisition arbeiten Sie mit anderen Partnern und Kollegen vom Hause X eines Konzerns Y oder eines mittelständischen Unternehmens Z zusammen. Und dabei besteht die Gefahr, dass nach dem Grundsatz „Jeder ist sich selbst der Nächste" gehandelt wird. Wird nach diesem Motto verfahren, so geht dies zwangsläufig zu Lasten des gemeinsamen Erfolgs.

Welchem Prinzip Cross-Akquisition gehorcht, lässt sich an folgendem Beispiel veranschaulichen. Nehmen wir an, ein Konzern hat drei große Geschäftsfelder, von denen jedes über 20 Niederlassungen verfügt. Das wären bei drei drei Geschäftsfeldern 60 Niederlassungen. Diese Niederlassungen haben teilweise Lösungen, die sich nicht überschneiden, und teilweise Lösungen, die sich in Grenzbereichen überschneiden bzw. ergänzen. Ferner gibt es Lösungen, die identisch sind, und schließlich solche, die in Kombination aller Häuser für den Kunden den größten Nutzen bringen.

Auf der anderen Seite verfolgt jede dieser Niederlassungen eigene interne Profitziele und ist daher bestrebt, ihren Profit zu maximieren. Warum also den Kollegen helfen? Diese Haltung führt oft dazu, dass bei einem Kundenkonzern unterschiedliche Niederlassungen parallel Angebote offerieren, einen Preiswettbewerb veranstalten und sich so gegenseitig bekämpfen. Unter dem Gesichtspunkt der individuellen Profitmaximierung lässt sich das noch verstehen. Stellt man jedoch in Rechnung, dass ein solches Verhalten dem synergetischen Gesamtansatz völlig zuwiderläuft, ist es ganz und gar nicht mehr nachzuvollziehen, weil man sich nämlich auf diese Weise gegenseitig aufzufressen droht.

Um solchem Kannibalismus zu entgehen, ist es daher sinnvoll, ein gemeinsames Vorgehen auf dem Markt abzusprechen. Eine geeignete Möglichkeit für Cross-Akquisition besteht auch dann, wenn Teilleistungen miteinander verknüpft und somit neue Angebote auf dem Markt präsentiert werden können. Oder, bezogen auf unser Beispiel: Alle drei großen Companies entwickeln eine gemeinschaftliche Lösung für den Kunden, die kein Einzelner so anbieten könnte, was einen enormen Wettbewerbsvorteil mit sich bringt. Das bedeutet aber, dass enge Zusammenarbeit erforderlich ist. Und dafür sind exakte Spielregeln unabdingbar.

7. Vorträge, Messen, Events: Aktion

Starten Sie Aktivitäten, die Sie bei der Akquisition unterstützen. Ihrer Fantasie sind dabei keine Grenzen gesetzt. Organisieren Sie Vorträge, laden Sie spezielle Referenten ein, bieten Sie andere Events an, und begeistern Sie potenzielle Kunden dafür, an diesen teilzunehmen. Präsentieren Sie sich auf Fachmessen, gestalten Sie einen Future-Tag, usw. Was immer Sie sich einfallen lassen, vergessen Sie dabei nicht den Nutzen des Kunden und sein Interesse an solchen Veranstaltungen und Aktivitäten. Happenings ohne einen solchen Bezug sollten Sie sich für Ihre Freizeit aufheben.

8. Gemeinschaften nutzen: Club

Club-Akquisition ist etwas, was einem persönlich nicht liegen mag, was aber funktioniert. Sie ist gängige Praxis und wird deshalb auch an dieser Stelle erwähnt. Wie sie abläuft, können Sie sich denken. Man tritt zum Beispiel bei den Rotariern, bei den Lions oder in den Golfclub ein, knüpft Kontakte auf dem Tennisplatz, wird Mitglied im Marketingclub, und zu guter Letzt vielleicht noch Vorsitzender des Kaninchenzuchtverbandes. In Clubs und Vereinen lernt man viele Leute kennen, und so geschieht es dann gelegentlich, dass jemand abends auf einer Party beim sechsten Glas Rotwein unter dem Tisch mit einem Auftrag hervorgekrochen kommt. Diese Form der Akquisition entspricht nicht jedermanns Geschmack, führt aber sehr häufig zum Erfolg.

9. Alles auf einmal: Puzzle

Das Puzzle der Kundenansprache setzt sich aus vielen Teilen zusammen. Denken Sie sich noch die hinzu, die an dieser Stelle unerwähnt bleiben, vielleicht weil sie vergessen wurden. Nutzen Sie diese Chancen in Kombination und bauen Sie damit eine Brücke zu den einzelnen Pools, die Sie bedienen möchten.

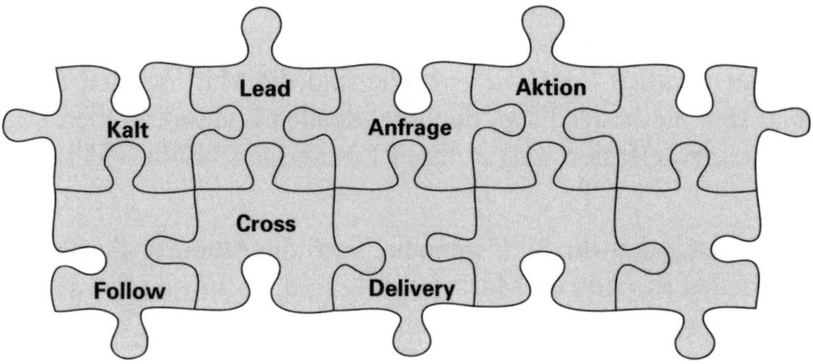

Abbildung 7: Puzzle der Kundenansprache

Stufe zwei, also der Mosaikstein Ansprache, vervollständigt nun das Gesamtbild. Bei der Pipeline unterteilen Sie nach Branche, Größe, Lösung. Dann addieren Sie die passenden Akquisitionsformen, die Sie bei der Kontaktaufnahme nutzen wollen.

10. Kundenorientierung „leben": Added Value

Analysieren Sie den Markt, so dass Sie exakt um die Herausforderungen des Markts wissen. Nur wenn Sie voll im Trend des Markts liegen, können Sie die Lösungen anbieten, die Kunden auch interessieren. Dies ist im Wesentlichen eine Aufgabe, der man nur dann gerecht werden kann, wenn man die Rahmenbedingungen seiner Vertriebstätigkeit mitreflektiert. Obwohl es sich bei diesen Themen nicht um Vertriebsthemen im engeren Sinne handelt, muss sich auch ein Akquisiteur mit diesen Fragen beschäftigen, um kunden- bzw. projektspezifisch genau herauszuarbeiten, ob ein Trend für seinen Kunden etwas bewirken und ob seine Lösung der Trenderwartung entsprechen kann.

Beschäftigen Sie sich mit der Interessenlage des Kunden. Welche Fragen stehen im Brennpunkt? Welche Themen sind es, die Kunden im Moment wirklich interessieren? Wie sind die Markttendenzen, wie genau sind Sie in der Lage, die individuellen konjunkturellen Gegebenheiten zu erfassen und in Ihren Lösungsangeboten widerzuspiegeln?

Es vervollständigt Ihr Bild, wenn Sie auch die Akteure, die für Ihren potenziellen Kunden im Markt wichtig sind, aufführen. Da könnten Sie zum Beispiel den Trend, die Kunden des Kunden, den Wettbewerb, den substituierten Wettbewerb, Ressourcen, Gesetzesanlagen oder Stakeholder benennen. All diese Marktakteure lassen sich in einer bestimmten Art und Weise beschreiben. Wenn Sie all diese Dinge berücksichtigen, können Sie einen Kunden in angemessener Tiefe verstehen und einstufen.

Aus dieser Kenntnis des Kunden, aus dieser Kennzeichnung seines Marktes, formulieren Sie die Herausforderungen, die sich als logische Konsequenzen daraus ergeben. Bündeln Sie nun diese Herausforderungen und formulieren Sie diese zu Zielen um. Wenn Sie diese Ziele vor Augen haben, können Sie gemeinsam mit dem Kunden ermitteln, welche dieser Ziele ihm besonders auf den Nägeln brennen. Dann setzen Sie Ihr Lösungsangebot dazu in Beziehung. Wenn Sie so verfahren, können Sie exakt einschätzen, wie wichtig das Thema, das Sie dem Kunden anbieten möchten, für ihn ist oder eben nicht.

Mit solch einem strukturierten Vorgehen haben Sie eine gute Möglichkeit, den konkreten thematischen Ansatz für Ihre Lösung zu erarbeiten. Ihre Aufgabe ist es, Lösungen in den Markt hineinzutragen.

Aber beachten Sie: Auf jedem Markt gibt es zwei Idioten, einen, der zu wenig will, und einen, der zu viel will.

Kapitel 4

Den Nutzen er-hören: Das **Briefing**

1. Nichts wissen, weiß wie ein Blatt Papier
2. 90 Prozent schweigen, 10 Prozent reden
3. Kein Ziel, kein Angebot, kein Auftrag
4. Kaufstrategien „ertrüffeln"
5. Denkstrukturen sind Landkarten
6. Kundenwünsche präzise auf den Punkt bringen
7. Kurz und knackig präsentieren
8. Lassen Sie den Kunden priorisieren
9. Referenzen – der Beleg für Könnerschaft
10. Preis, Profit, Kalkulation
11. Spiegeln, spiegeln, spiegeln ...
12. Small Talk – das kleine Gespräch auf der Beziehungsebene
13. Die Ja-Brücke

BEISPIEL

Sie kennen diese Situation: Sie sitzen in einem exquisiten Vorstandszimmer. Moderne Kunst prangt an den Wänden, wuchtiger Mahagonitisch, Ledersessel, und in diesem eindrucksvollen Ambiente erwarten Sie das erste Briefing-Gespräch. Sie sind aufgeregt, aber auch ein wenig erleichtert, immerhin hat irgend eine Kontaktschiene funktioniert. Sie sind zum Gespräch eingeladen worden. Wie wir damals, bei diesem Kosmetikunternehmen, das sich ungeachtet der exklusiven Einrichtung auch dadurch auszeichnete, dass seine Außendienstmannschaft hauptsächlich von einem Team attraktiver Frauen gebildet wurde.

Die Situation war angespannt. Der Vorstand kam rasch zur Sache, formulierte seine Wünsche und Vorstellungen zum Thema Motivation und Begeisterung. Da der Vorstand sich bestens in der Personalentwicklung auskannte, wollte er die Methode gleich mitbestimmen. Am geeignetsten erschienen ihm drei Tagesseminare. Er wollte mit den Leitenden anfangen und dann alle Verkäufer durchschleusen, durch den Seminarschlauch zu den Inhalten: Initiative, Mut und Risiko, selbstverantwortliches Handeln und Teamarbeit. Wir multiplizierten die Anzahl der potenziellen Teilnehmer bei Bildung von Zwölfergruppen – auch diese Zahl wurde sofort vorgegeben – mit dem Honorarsatz. Das führt in der Regel zur Produktion von Endorphinen, zu warmen Glücksgefühlen.

Dieser Zustand hielt aber nicht lange an, da sich ein Gedanke sehr schnell breit machte: Trafen die Vorschläge überhaupt den Punkt? Entsprachen sie den Interessen des Vorstands und des Unternehmens? Würde denn tatsächlich ein für alle Mannschaftsteile durchgeführtes und noch so intensiv konzipiertes Dreitagesseminar die angestrebten Ziele realisieren und die gewünschten Resultate bringen können? Damit waren die nächsten Fragen vorbestimmt. Konnte es sein, dass möglicherweise die einzelnen Führungskräfte, Treiber und Leitfiguren des Unternehmens ganz andere Probleme hatten, als dass sie durch ein einfaches Motivations- und Begeisterungsprogramm zu lösen wären? War die Vision des Unternehmens gut mit der entscheidenden Sogkraft und Identität aufge-

baut? Hatten die einzelnen Teilnehmer im Markt die Dringlichkeit des Handelns aus dem Markt heraus erkannt, war der „point of urgency" erreicht? Waren die Rollen geklärt, stimmten die Erfolgsattraktoren, um im Markt zu agieren? War die Strategie ihrer Positionierung richtig? War die Umsetzung in den Projekten mit der entsprechenden Professionalität angelegt?

Um die Sache kurz zu machen: Es hat kein Motivations- und Begeisterungsprogramm stattgefunden, weil wir nach zwei Stunden intensiver, kontroverser Diskussion herausgefunden hatten, dass ein Commitment-Problem vorherrschte und dass die Probleme in besagtem Unternehmen auf einer ganz anderen Ebene gelagert waren, als ursprünglich angenommen. Die Führungskräfte standen nicht hinter den Zielen des Unternehmens bzw. nicht in dem Umfang, der notwendig ist, um erfolgreich zu sein. Darin liegt die Aufgabe des Briefings: genau den Kern des Problems zu ermitteln.

Die zwei Kerntugenden, die man beim Briefing braucht, sind aufmerksames Zuhören und intensives Mitdenken. Versetzen Sie sich in die Situation des Kunden, so, als wären Sie selbst Inhaber seines Unternehmens. Fühlen Sie sich in ihn hinein, und beantworten Sie für sich selbst die Frage, ob Sie dieses Programm und dieses Projekt so anpacken würden, ob Sie das Geld für die Lösung, die Sie anbieten wollen, ausgeben würden, oder ob Ihnen das Geld für das Leistungsangebot, das Sie umsetzen möchten, zu schade wäre.

1. Nichts wissen, weiß wie ein Blatt Papier

Leer wie ein weißes Blatt, wie ein Krug, der bis an den Rand gefüllt werden kann, unwissend, aber aufnahmefähig und -bereit – in diesem Zustand beginnen Sie das Briefing-Gespräch. Vermitteln Sie nicht den Eindruck, als wüssten Sie schon ungefähr, was das Beste für den Kunden sei und was er tun sollte. Und vermeiden Sie es unbedingt, so zu wirken, als würden Sie dieses Gespräch höchstens erdulden.

Wäre das Ihre Grundeinstellung, würden Sie meistens nicht richtig mitbekommen, was tatsächlich auf der Agenda des Kunden steht. Was sind seine Themen, welche Nuancen deutet er an? Da ist genaues Hinhören gefragt. Und natürlich gilt: Je spezialisierter Sie sind, desto größer ist die Gefahr, dass Sie schon vorher alles Wichtige wissen und die Anliegen des Kunden geflissentlich überhören.

Unwissendes Zuhören: Nur mit dieser Einstellung können Sie mitbekommen, um was es geht. Sie befinden sich in der Phase, in der Sie noch gar nicht wissen können, wie das Endprodukt und die Lösung genau aussehen sollen. In dieser Situation werden Sie sich eine Zeit lang befinden. Lassen Sie es zu, noch keine Antwort parat zu haben.

Präsentieren Sie in der Briefing-Phase keine eilfertigen, unangemessenen Lösungen. Das Gespräch und in gleichem Maß Ihr Akquisitionsgeschäft könnten dann schneller beendet sein, als Ihnen lieb sein dürfte.

Wer immer nur von sich selbst und seiner eigenen Perspektive ausgeht, blickt nicht weiter über den Tellerrand hinaus. Steuern Sie in dieser Phase der Anbahnung Ihren Bewusstseins-Scheinwerfer auf das Zuhören, auf das Aufnehmen.

2. 90 Prozent schweigen, 10 Prozent reden

Wann ist ein Briefing gut gelaufen? Eben dann, wenn der Kunde 90 Prozent der Zeit gesprochen hat und Sie selbst lediglich 10 Prozent. Es könnte fatale Folgen haben, den Kunden im Briefing-Gespräch 50, 60 oder 70 Prozent der Zeit lang davon zu erzählen, wie toll Sie selbst sind, wie außerordentlich Ihre Leistung ist, welche Erfahrungen Sie haben, und das dann mit passenden Fallbeispielen aus Ihrer reichen Praxis zu unterfüttern. Dann befindet sich der Kunde hauptsächlich in der Rolle des Zuhörenden, und Sie selbst können nichts in Erfahrung bringen.

Statt den Kunden im akustischen Angriff durch Wortschwall zu töten, ihn mundtot zu machen, verlangt es das Akquirieren, den Punkt zu treffen, der für Ihre Lösung spricht, und dies schließt ein, den Kunden und das, was er sagt, zu achten.

Dazu gehört es auch, beim Briefing-Gespräch die wörtlichen Formulierungen der Aussagen, die dem Kunden wichtig sind, aufzuschreiben, und zwar möglichst genau. Diese können Sie zu geeigneter Zeit exakt oder sinngemäß wiedergeben und so eine gemeinsame Wellenlänge aufbauen.

3. Kein Ziel, kein Angebot, kein Auftrag

Der Kunde redet, Sie hören hauptsächlich zu. Zunächst, denn natürlich dient ein Briefing-Gespräch nicht Ihrer Unterhaltung. Am Ende sollte Ihnen der Kunde ein Ziel nennen können, an dem Sie Ihr Angebot für eine Lösung ausrichten können. Meist wird es so sein, dass Sie gemeinsam mit dem Kunden ein Ziel entwickeln und dieses im Gesprächsverlauf gemeinsam herausarbeiten.

Ein Ziel hat dann eine große Chance, verwirklich zu werden, wenn es für denjenigen, der es anstrebt, bestimmte Kriterien erfüllt. Diese können Sie in einem Zielfindungsprozess ermitteln. Es hat sich bewährt, dabei mit einem System zu arbeiten, das mit einem leicht einprägsamen Wort bezeichnet wird: Spezi. Auch Spezi verfolgt ein Ziel. Es kann Sie durch präzise Fragetechniken darin unterstützen, dass sich der Kunde sein Ziel als sinnlich wahrnehmbare, messbare Größe möglichst genau vorstellen kann und es für ihn erlebbar wird. Auch wenn er es vielleicht nicht glauben wird, auf ein Gedankenspiel, das Sie mit der Frage: „Tun Sie mal so, als ob, und stellen sich vor, dass das Ziel bereits erreicht ist“, wird er sich jedoch einlassen.

Jeder Buchstabe signalisiert eine hervorragende Zieleigenschaft. So erinnert das S von Spezi Sie daran, ein Ziel so zu formulieren, dass es messbar, sinnlich wahrnehmbar, dass es mit den fünf Sinnen erfass- und erlebbar ist. Bei qualitativen Zielsetzungen, die sich wie auf einer Skala messen und einordnen lassen, können Sie den Kunden zum Beispiel fragen, wie genau er wahrnehmen würde, ob ein gestecktes Ziel, ein Resultat auch erreicht ist, ob es sogar mit einer arithmetischen

Größe zu beziffern ist. Der Kunde wird auf jeden Fall ein Mess-System in seinem Kopf haben. In den meisten Fällen ein unspezifisches und negatives, das er als Problem formuliert. Eine negative Vorstellung, also ein „Weg von den roten Zahlen" kann gut positiv ausgedrückt werden. „Wir wollen diesen Umsatz erzielen", usw. Fragen Sie da genau nach.

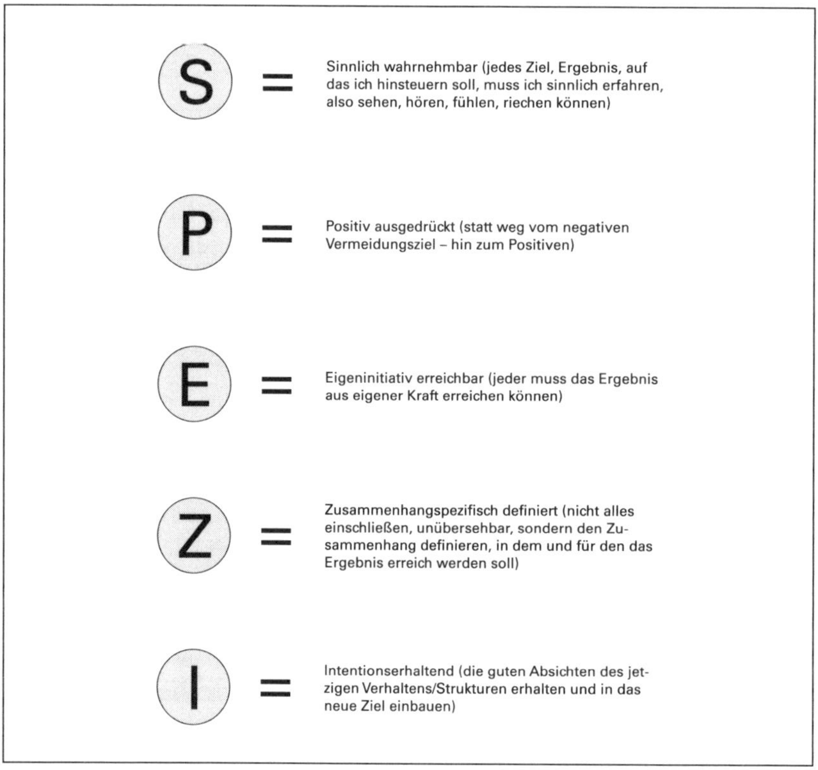

Abbildung 8: Spezi

P wie Positiv. Formulieren Sie das Ziel positiv. Bringen Sie Ihren Kunden dazu, dass er das Ziel positiv formuliert. Wenn er zum Beispiel unbedingt Kosten senken möchte, um dieses oder jenes Unheil abzuwenden, könnten Sie ihn nach der gewünschten Gewinnzone fragen, die er anstreben möchte. Auf diese Weise animieren Sie ihn dazu, sein Ziel in positiv besetzte Worte zu fassen.

Das E von Spezi steht für eigeninitiativ erreichbar. Finden Sie heraus, ob der Kunde das Ziel aus seiner Kompetenz, seiner Unternehmung oder im Rahmen seines Teams, aus dessen Verantwortung heraus erreichen kann. Es ist die Frage zu beantworten, wer das Ziel wie realisieren kann. Statt dem Kunden Illusionen aufzutischen, sollten Sie ihm helfen, Klarheit darüber zu erlangen, inwieweit ein Ziel überhaupt erreicht werden kann – kraft Macht, kraft Funktion oder kraft Aufgabe.

Die Funktion zusammenhangspezifisch drückt das Z von Spezi aus. Prüfen Sie den Kontext, in den das Ziel gestellt ist. Sie werden von Mitarbeitern der Produktionsabteilung andere Messkriterien hören als von denen aus dem Marketing, aus der Werbung oder von Mitgliedern des Vorstandes. Da muss man genau nachfragen, um den richtigen Kontext zu erwischen, damit nicht Ziele in den Vordergrund rücken, die gar nicht in den Bereich des Kunden gehören.

Der letzte Buchstabe, das I in Spezi, benennt die Eigenschaft intentionserhaltend. Was passiert, wenn dieses Ziel erreicht wird, mit anderen Zielen? Werden diese möglicherweise davon negativ tangiert? Stützt das Ziel andere Ziele, oder stürzt es sie eher? Fragen Sie den Kunden auch danach, welche Widerstände das Ziel hervorrufen könnte. Lassen diese sich integrieren? Unterläuft das Ziel möglicherweise andere Absichten des Unternehmens? Loten Sie das Geflecht, in das das Ziel hineingestellt wird, gemeinsam mit dem Kunden aus.

Für diese Zielfindungsabfolge steht das Wort Spezi. Sie können jedes Ziel daraufhin untersuchen, ob es die oben genannten Anforderungen auch erfüllt. Es gibt natürlich auch andere Systeme als Spezi, zum Beispiel das System Smart, in welchem ähnlich verfahren wird. Es ist eigentlich egal, welches Sie benutzen. Die Hauptsache ist, dass Sie mit einem spezifischen Fragenkatalog die Ziele des Kunden so herausarbeiten, dass Ihre Lösungen eine direkte Antwort darauf darstellen können.

4. Kaufstrategien „ertrüffeln"

Welche Entscheidungsschritte gehen Entscheidungsträger, wie gelangen sie dahin, dass sie sich für Ihr Angebot, für Ihre Lösung entscheiden können? Diese Fragen zielen weniger auf die Regularien, nach denen eine Entscheidung formal gefällt wird, sondern stellen informelle Entscheidungsregeln in den Mittelpunkt. Jede Entscheidung, auch eine Kaufentscheidung, vollzieht sich nach bestimmten, identifizierbaren Schritten der Orientierung, bevor sie getroffen wird.

Betrachten Sie dies an einem Beispiel, etwa dem Kauf eines neuen Autos. Es gibt die unterschiedlichsten Autotypen, die die verschiedensten Vorlieben von Autofahrern bedienen. Je nach Vorlieben variieren auch die unterschiedlichen Entwicklungen hin zur Kaufentscheidung. Typ A beispielsweise geht folgendermaßen vor, bis er seine Kaufentscheidung fällt: Er fragt zunächst Freunde, ob Sie eine Idee haben. Er erkundigt sich auch danach, welche Autos besonders kostengünstig sind und wenig Benzin verbrauchen, informiert sich ausführlich in Fachzeitschriften, vergleicht Produkte nach dem geringsten Kostenbedarf. Danach selektiert er einige Modelle vor und testet sie, indem er Probefahrten macht. Anschließend setzt er die in Frage kommenden Autos ins Verhältnis zum eigenen Kapital, rechnet aus, ob es günstiger ist zu leasen oder bar zu kaufen, und schließlich, nach einer solch umfassenden, detaillierten Recherche, kauft er sich seinen neuen Wagen.

Der Entscheidungsprozess könnte aber auch extrem anders verlaufen. Ein anderer Typus, nennen wir ihn Typ B, erkundigt sich vor allem danach, welcher Wagen gerade „in" ist. Er analysiert eingehend die Yellow-Press, bringt in Erfahrung, welcher Prominente welche Karosse besitzt, schaut auch über den Zaun zu den Nachbarn, geht zu einer Farbberatung und ermittelt seine Kernfarbe, bevor er einen Wagen kauft. Er kauft also nach ganz anderen Kriterien als Typ A.

Während bei diesem der finanzielle Aspekt im Vordergrund steht, betrachtet Typ B ein Automobil in erster Linie als Statussymbol. Ein Typ C, ein Familienvater mit drei Kindern, könnte seine Kaufentscheidung vornehmlich nach Mobilitätserwägungen, nach der Wirtschaftlichkeit des Wagens oder nach dem Platz, der zur Verfügung steht, fällen.

Beim Kauf eines Produkts oder einer Lösung können für Entscheidungsträger sehr verschiedene Selektionskriterien eine Hauptrolle spielen. Es gibt nicht nur ein System, sondern unterschiedliche Stufen und Prozesse, nach denen Kaufentscheidungen vornehmlich gefällt werden. Zudem gibt es in Kundenunternehmen häufig auch mehrere Entscheidungsträger.

Wer die Kaufstrategie seines Kunden kennt, kann sich entsprechend in die jeweilige Stufe der Kaufentscheidungsstrategie des anderen hineindenken und diese bewusst steuern. Wie aber bekommen Sie ein möglichst genaues Bild von der Kaufstrategie eines potenziellen Entscheidungsträgers? Nicht dadurch, dass Sie ihn direkt nach seiner Strategie befragen. Werfen Sie besser gemeinsam mit ihm einen Blick in die Vergangenheit, und ermitteln Sie fragend, wie ähnliche Lösungen zuvor zu Stande kamen und welche Kriterien bei früheren Entscheidungen die Hauptrolle spielten. Fragen Sie zum Beispiel danach, warum ein Wettbewerber die Nase vor einem anderen vorn hatte. Welche Aspekte, Erwägungen standen bei der Entscheidungsfindung an erster Stelle?

So erhalten Sie Schlüsselinformationen über Kaufstrategien des Kunden. Auf diese können Sie im Lauf der Akquisition in den verschiedenen Phasen immer wieder nutzbringend zurückgreifen, etwa bei der Erstellung des Angebots, bei der Präsentation oder beimClosing.

5. Denkstrukturen sind Landkarten

„Denkmuster" balancieren

	A	B		A	B
1. Vergangenheit – Zukunft			8. Aktiv – Passiv		
• Vergangenheit	☐	☐	• Aktiv	☐	☐
• Zukunft	☐	☐	• Passiv	☐	☐
2. Problem – Lösung			9. Gefühl – Sachlichkeit		
• Problem	☐	☐	• Gefühl	☐	☐
• Lösung	☐	☐	• Sachlichkeit	☐	☐
3. Weg von – hin zu			10. Abstrakt – Praktisch		
• Weg von	☐	☐	• Abstrakt	☐	☐
• Hin zu	☐	☐	• Praktisch	☐	☐
4. Team – Einzelner			11. Provokativ – Harmonisierend		
• Team	☐	☐	• Provokativ	☐	☐
• Einzelner	☐	☐	• Harmonisierend	☐	☐
5. Generalisieren – Detaillieren			12. Komplex – Einfach		
• Generalisieren	☐	☐	• Komplex	☐	☐
• Detaillieren	☐	☐	• Einfach	☐	☐
6. Ähnlichkeiten – Unterschiede			13. Prozess – Resultat		
• Ähnlichkeiten	☐	☐	• Prozess	☐	☐
• Unterschiede	☐	☐	• Resultat	☐	☐
7. Selbst (Referenz) – Andere (Fremdreferenz)			14. Kreativ – Bewahren		
• Selbst (Referenz)	☐	☐	• Kreativ	☐	☐
• Andere (Fremdreferenz)	☐	☐	• Bewahren	☐	☐

Abbildung 9: Denkstrukturen

In obigem Modell sind – jeweils nach Polaritäten geordnet – die Strukturen aufgezeichnet, nach denen sich Denkweisen unterscheiden und untersuchen lassen. Denkweisen zielen nicht auf Inhalte, aber auf emotionale Präferenzen, darauf, wie Gedankenprozesse strukturiert sind, die oft unbewusst ablaufen.

Wenn Sie durchschauen können, wie Entscheidungsträger denken, können Sie entsprechend gezielt auf die Gedankenwelt des Kunden eingehen. Hüten Sie sich aber vor Schubladendenken, und nehmen Sie keine zu starren Typisierungen vor. Zeigen Sie sich flexibel, und überprüfen Sie immer wieder Ihre Eindrücke. Nicht Klassifizierung ist gefragt, sondern emotionales, einfühlendes Zuhören. Das erfordert ständige Wachheit und Wahrnehmungsbereitschaft.

Verhandeln Sie mit einem Controller, den Sie als eher introvertiert und detailorientiert wahrnehmen, werden Sie diesem kaum die Chancen Ihrer Lösung aus globaler Sicht präsentieren können. Ein Entscheidungsträger, der vorzugsweise negativ, vergangenheitsorientiert und problemlösungsorientiert denkt und auf der Grundlage dieser Denkstrukturen argumentiert, wird mit einem Akquisiteur, der positiv und zukunftsorientiert die Möglichkeiten, die seine Lösung beinhalten, hervorhebt, zwar möglicherweise ein sehr spannendes, aber doch kurzes Gespräch führen. Beide werden im Denken nicht zusammenkommen und daher mit Sicherheit auch nicht im Handeln.

Woran erkennen Sie aber exakt die Denkstruktur Ihres Gesprächspartners? Durch den Gang vom Außenohr zum Innenohr, also durch Zuhören und Interpretieren. Sie können die Denkstrukturen aus den Worten heraushören. Wenn Ihr Kunde zum Beispiel häufig die Begriffe „Weg“, „Ablauf“, „Kreislauf“, „Grundregeln“ und „Strukturen“ gebraucht, dürfen Sie vermuten, dass Sie einen Gesprächspartner vor sich haben, der eher prozessorientiert denkt.

Ein Gesprächspartner, der sich vor allem solcher Worte und Formulierungen wie „Erfolg“, „messen“, „was kommt unterm Strich raus“, „Ziel“, „Ergebnis“, „Bilanz“ befleißigt, ist ein eher resultatorientierter Denker. Wenn Ihnen exakt bewusst ist, welche Denkstruktur der andere repräsentiert, können Sie sich darauf einstimmen, sich auf die sprachliche Ebene Ihres Gegenübers zu begeben. Auf diese Weise können Sie eine tiefere Vertrauensbasis mit dem Kunden aufbauen. Die entsprechenden Informationen können Sie auch schriftlich festhalten, etwa in einem Political Poster. Auf diese hilfreiche Struktur wird im Zusammenhang mit der Darstellung der Diagnosephase in Kapitel 4 näher eingegangen.

Dass Sie möglicherweise andere Meinungen vertreten, andere Denkstrukturen repräsentieren, ist kein Problem. Sie können, wenn Sie sich mit jemandem sehr gut verstehen, durchaus dessen Denkweisen berücksichtigen und dennoch Ihre Standpunkte klar darlegen.

6. Kundenwünsche präzise auf den Punkt bringen

Intensiv Zuhören, also auf der emotionalen, subjektiven Ebene der Denkstrukturen agieren zu können, ist das Eine. Die Inhalte des Kunden zu vernehmen, exakt zu vernehmen, also auf der Inhaltsebene, auf der fachlichen Ebene, genau hinzuhören, das Andere. Und da ist es vielfach so, dass zwar hingehört, aber eigentlich doch nicht richtig zugehört und nachgefragt wird.

So bleiben Vorstellungen häufig unpräzise. Das lässt sich zum Beispiel durch Wahrnehmungsspiele testen. Fragen Sie in einem Seminar, was die Teilnehmer beispielsweise mit dem Wort „Welt" in Verbindung bringen. „Welt" ist ein Wort, das jeder täglich benutzt. Und jeder, der mit anderen spricht, glaubt zu wissen, was seine Gesprächspartner mit dem Begriff „Welt" verbinden. Wenn Sie aber nachfragen, was jeder dabei denkt, gibt der eine dann möglicherweise an, er denke an Kugel, rund und Erde, der andere an Wasser, hungernde Menschen und Katastrophen, ein nächster an Planeten, Sterne, Galaxien. Jeder erzeugt andere Vorstellungen beim Hören dieses Begriffs.

Von der Welt allgemein bis zu den konkreten Kernaussagen des Kunden ist es nur ein kleiner Schritt. Sie müssen herausfinden, was der Kunde genau ausdrücken will, wenn er Inhalte anspricht. Deshalb ist es von Bedeutung, die Kernaspekte, die der Kunde nennt, genau zu hinterfragen, und zwar präzise. Sie haben es also in der Hand. Mit diesem Modell können Sie Aussagen des Kunden quasi im Handumdrehen auf Kurs bringen und zum Kern vordringen. Meist sind Probleme aus Problemen zusammengesetzt. Präzises Nachfragen schafft da Klarheit. Geben Sie sich nicht mit vorschnellen Antworten zufrieden. Fragen Sie nach, fragen Sie so, dass der Kunde zunehmend an Orientierung gewinnt und Spaß daran entwickeln kann, seine Interessen und Wünsche präzise auszudrücken.

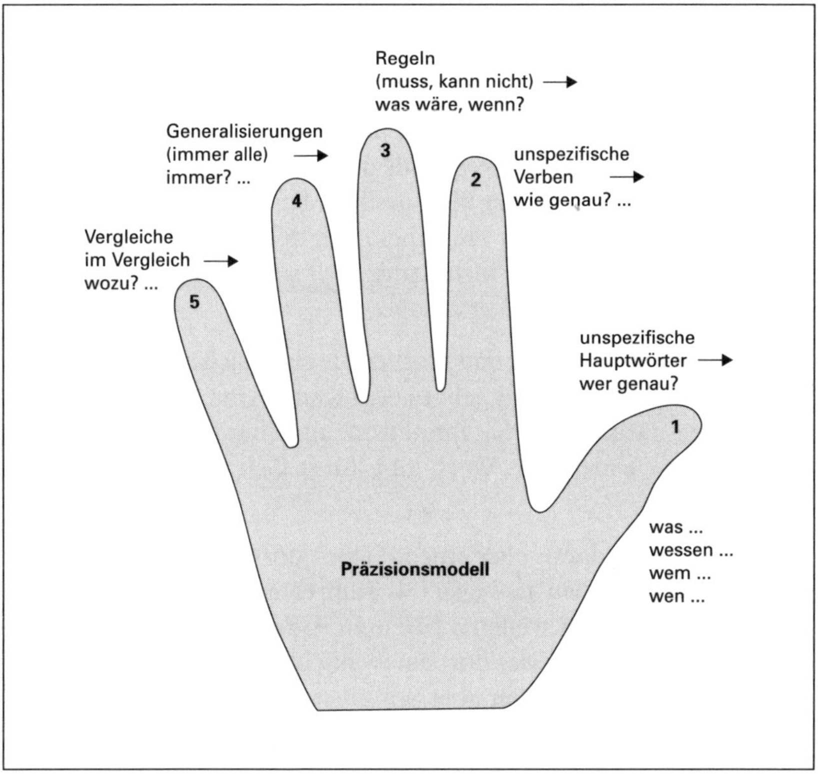

Abbildung 10: Präzisionsmodell

Die emotionale und die logische Ebene, die Denkstrukturen und die Inhalte müssen durchdrungen und analysiert werden, damit man ein Verständnis des Kunden gewinnt. So gewappnet, können Sie dann auch eine Frage beantworten, die oft gestellt wird. Was heißt es, wenn Ihnen gesagt wird: „Höre gut zu!"? Es bedeutet, die Kaufstrategien, Denkstrukturen und das Präzisionsmodell systematisch zu erfassen und zu beherrschen. Genau das ist damit gemeint.

7. Kurz und knackig präsentieren

Erteilt Ihnen der Kunde das Wort, bitte sehr. Gehen Sie jedoch nicht allzu verschwenderisch mit Sprache um. Fordert der Kunde Sie auf, in einem Briefing-Gespräch bereits all das zu präsentieren, was Sie so können, dann leisten Sie der Bitte des Kunden in dieser Phase der Anbahnung Folge. Verfahren Sie dabei nach dem Motto: In der Kürze liegt die Würze. Reden Sie nicht lange über sich, und präsentieren Sie nicht jetzt schon Lösungsvorschläge.

Mit dieser Zurückhaltung entsprechen Sie eigentlich auch dem Willen des Kunden, denn meistens geht es dem Kunden mit seiner Bitte überhaupt nicht darum, dass Sie Ihre Firma ausführlich präsentieren. Er erteilt Ihnen vielmehr das Wort, gibt Ihnen Gelegenheit, auch etwas zu sagen.

Der Kunde folgt damit eher einem Gebot der Höflichkeit. Denn eigentlich will er Ihnen ja sagen, worum es geht. Sie können kurz, knapp und präzise in wenigen Minuten Aspekte vortragen und bestenfalls anbieten, hier oder dort ein wenig in die Tiefe zu gehen. Nutzen Sie im Briefing die Zeit aber vor allem zum Zuhören.

Wenn Sie dem Charme des Kunden doch unterliegen und eine Art Präsentation vornehmen oder ein Fallbeispiel zum Besten geben, dann tun Sie das ohne Verwendung von vielen Charts, auf denen Sie aufzeigen, dass Sie bei einem anderem Kunden ähnlich gearbeitet haben und dabei erfolgreich waren. Solch ein Vorgehen gerät zu einer brennenden Keule, die langsam die eigene Hand verbrennt.

Wenn Sie im Briefing dennoch so verfahren, dass Sie mit dem Kunden gemeinsam eine Analyse zu seinem Unternehmen durchführen, die Sie sich dann möglichst gut und teuer bezahlen lassen, dann schlagen Sie wenigstens im Briefing nicht die gleichen Lösungen vor. Muss sich der Kunde später in der Präsentation das Gleiche noch einmal ansehen, was er schon in dieser Kurzpräsentation vorgeführt bekam, kann dies zu üblen Reaktionen führen.

Verwenden Sie in dieser Phase, wenn überhaupt, Charts, die Sie später in der Angebots- und in der Präsentationsphase nicht wieder so einsetzen wollen. Sie können die Vorgehensweise, die Struktur, den vorgeschlagenen Weg wiederwählen, aber präsentieren Sie Charts nur dann, wenn sie entsprechend geändert, weiterentwickelt oder spezifiziert wieder auftauchen werden.

8. Lassen Sie den Kunden priorisieren

Häufig ist ein potenzieller Kunde auf einer allgemeinen Ebene grundsätzlich dazu in der Lage zu verdeutlichen, was er von Ihnen möchte. Sobald es aber an die Konkretisierung geht, tauchen Schwierigkeiten auf. Aufgrund verschiedener politischer Strömungen in einem Unternehmen können sich zum Beispiel die Interessenslagen unterschiedlich darstellen. Entsprechend kompliziert sind sie dann zu beschreiben.

Bei der Prioritätensetzung seiner Anliegen können Sie den Kunden mit einem Modell unterstützen. Für die entsprechenden Aufzeichnungen eignet sich ein Chart, das so genannte Prioritätschart.

Leistungs-Module	**Prioritäten**		
	1	2	3

Abbildung 11: Prioritätschart

Ein solches Prioritätschart ermöglicht es Ihnen, schneller eine Diskussion mit dem Kunden zu eröffnen. Welche Themen sind wichtig, welche weniger wichtig? Hinterfragen Sie die Entscheidung Ihres Kunden für die jeweilige Priorität.

Es ist nützlich, wenn Sie im Prioritätschart mehrere Zeilen freilassen. Dort können Sie Aspekte des Kunden vermerken, auf die er Sie hinweist, weil sie für ihn bedeutsam sind, und die Sie möglicherweise übersehen haben. Besonders aufschlussreich ist es natürlich, ein Prioritätschart zu gestalten, wenn in einem Briefing-Gespräch mehrere Entscheidungsträger anwesend sind. Dann können Sie ausloten, welche unterschiedlichen Gewichtungen bei den Auftraggebern möglicherweise bereits vorhanden sind.

Präsentieren Sie dem Kunden diese Prioritätsskizze per Flipchart. So können Sie sie mit ihm gemeinsam verändern und ausgestalten. Dafür sind Beamer oder Overhead-Projektoren weniger geeignet. Auf einem Poster können Sie gemeinsam mit dem Kunden die Kernprobleme notieren, die er in seinem Unternehmen sieht. Drücken Sie dann diese Probleme in Zielformulierungen aus, sodass die Problem- und die Zielsituation nebeneinander dargestellt sind. Diese Gegenüberstellung ermöglicht es dem Kunden, seine Prioritäten besser herausfiltern zu können.

9. Referenzen – der Beleg für Könnerschaft

Referenzen können beim Kunden die Transparenz für Ihre Leistungspalette steigern. Doch überhäufen Sie den Kunden in der Briefing-Phase nicht mit einer Flut von Referenzangaben. Vermeiden Sie solche Überfälle, denn grundsätzlich hat der Kunde ja eine Vorstellung von Ihrem Unternehmen. Er verbindet mit ihm ein Image, hinter dem sich indirekt auch Referenzen verbergen, von denen er weiß oder gehört hat.

In einer zu frühen Phase bestimmte Referenzen anzubieten, kann dazu führen, dass der Kunde sich distanziert. Mit solchen Hinweisen würden Sie den Kunden geradezu dazu einzuladen zu sagen, dieses genau passt nicht und jenes passt nicht und das passt überhaupt nicht.

Dann befinden Sie sich in der Defensive. Durch schlecht gewählte Referenzen, die Sie in den Raum stellen und die der Kunde aber für unzutreffend hält, könnte eine Negativstimmung entstehen, aus der dann sehr schwer wieder herauszufinden ist. Lassen Sie deshalb Vorsicht walten, und fragen Sie den Kunden erst bei einem höheren Wissensstand, welche Projekte oder Lösungen für ihn Referenzcharakter haben. Stellen Sie nützliche Referenzen erst dann gezielt zur Verfügung, wenn sich die Kundenbeziehung entsprechend vertieft hat.

10. Preis, Profit, Kalkulation

Die Preisdiskussion wird erst in die Closing-Phase ausführlich geführt. Dennoch wird schon zu Beginn einer Akquisition nicht selten und berechtigterweise nach dem Preis gefragt. „Was könnte es denn kosten?", heißt es dann.

Legen Sie Ihre Antwort auf diese Frage optional an. Dazu gehört, dass Sie dem Kunden sagen können, dass Sie auf jeden Fall preislich mit ihm klarkommen. Weisen Sie, sofern es zutrifft, auch darauf hin, dass es noch keinen Kunden gegeben hätte, mit dem Sie preislich keine Übereinstimmung erzielt hätten, und dass es jetzt wirklich der falsche Moment sei, diese Frage zu klären. Vor allem auch deshalb, weil ja weder beim Kunden noch bei Ihnen ein exaktes Wissen darüber vorliegt, wie der Leistungsumfang am Ende wirklich aussehen wird.

Machen Sie den Kunden darauf aufmerksam, dass es viel zu beachten gibt und dass es daher fair ist, preislich erst dann umfassend und abschließend zu diskutieren, wenn man weiß, wie es funktionieren könnte und welche Größenordnung angemessen ist. So erhalten Sie sich die Chance, den Preis im Verhältnis zum Nutzen verhandeln zu können, ohne in einen zu engen Rahmen gepresst zu werden. Stecken Sie deshalb einen Rahmen ab, der eine so große Spannweite umfasst, dass der Kunde sich hineinfinden kann. Gehen Sie dabei so vor, dass Sie später alle Hände frei haben, Ihre Leistung so gestalten zu können, dass auch Sie in der Gewinnzone liegen.

11. Spiegeln, spiegeln, spiegeln ...

Spiegeln ist eine Technik, die Sie anwenden können, um sich gemeinsam mit dem Kunden in einer Atmosphäre zu bewegen, die von Vertrauen, Harmonie, Balance und gegenseitigem Verstehen geprägt ist, und in der es möglich wird, mit dem Kunden eine Beziehung aufzubauen, an deren Ende ein für beide Seiten gutes Geschäft steht. Einen solchen Kontakt erreichen Sie durch Angleichung an Verhaltensweisen, Denkmuster und Wahrnehmungsprioritäten des Kunden.

Wenn Sie mit einem Kunden ein Gespräch führen und spüren, dass er außerordentlich unruhig ist und vermutlich unter extremem Termindruck steht, dann ist es geboten, diese Unruhe ernst zu nehmen. Dann sollten Sie sich auf keinen Fall entspannt und gelassen in Ihrem Sessel zurücklehnen und in aller Ruhe von den Dingen sprechen, die aus Ihrer Sicht zentral sind. Vielmehr sollten Sie nachfragen, ob man den Termin, der gerade stattfindet, verkürzen sollte, da Sie den Eindruck hätten, dass den Kunden im Moment andere Dinge sehr stark beschäftigen. Sie könnten eine Unterbrechung oder Verschiebung anbieten oder den Kunden etwas vorschlagen lassen. Der Gesprächspartner wird in diesem Moment das Gefühl haben, dass er von Ihnen auch wirklich wahrgenommen wird, und Sie können gemeinsam entscheiden, was zu tun ist.

Wenn Sie einen Kunden besuchen, und er empfängt Sie hektisch und läuft in zwei Sätzen die Treppe hoch, während Sie ganz langsam gehen, dann erzeugt das keinen guten Eindruck und führt Sie und den Kunden nicht zusammen. Vollführt ein Gesprächspartner hektische Bewegungen und Sie selbst sind dann total ruhig und wirken dabei eventuell sogar vorwurfsvoll, da Sie signalisieren, dass Sie meditatives

Verhalten für besser halten als Hektik, entfernen Sie und Ihr Gesprächspartner sich voneinander. Setzt sich der Kunde bequem hin und gibt damit ein Signal für eine gewisse Lockerheit, wäre es unpassend, sich angespannt und nach vorne geneigt zu geben. Schwingen Sie sich in der Welt, in der sich der andere bewegt, ein. Dann können Sie gemeinsam viele Dinge tun.

Einer unserer Partner hat die Angewohnheit, sehr schnell zu sprechen. Ihm gegenüber saß kürzlich in einem Akquisitionsgespräch ein Westfale (was eigentlich nichts heißen soll), der schon bei der Einleitung erkennen ließ, dass er rhetorisch bewandert ist der und einen ruhigen, ausgeglichenen, die Sätze deutlich zu Ende formulierenden Sprachstil pflegte. Wir hatten keine Chance, unserem Partner unauffällig zu signalisieren, dass er langsamer sprechen solle, als schließlich der Kunde selbst eine treffende Bemerkung machte, die sinngemäß folgenden Wortlaut hatte: „Bei uns ist es nicht so wichtig, schnell falsche Dinge zu tun, sondern mit ruhiger, gezielter Hand richtige. Könnten Sie bitte etwas langsamer reden, damit auch andere Sie verstehen können?“ Das saß. Die Situation war außerordentlich peinlich.

Dieses Erlebnis zeugte von völliger Ahnungslosigkeit darüber, wie Spiegeln funktioniert, denn die einleitenden, sehr ruhig vorgetragenen Worte des Kunden waren von allen zu hören gewesen, und jeder hätte sich darauf einstellen können.

Stellen Sie sich vor, Sie sitzen mit einem Kunden zusammen an einem Tisch und sind über eine Unterlage gebeugt. Plötzlich steht der Kunde auf, weil er Ihnen noch etwas Besonderes zeigen möchte. Er geht zum Schrank, nimmt ein Unterlage heraus, breitet diese vor Ihnen auf dem Tisch aus, damit Sie sie gut einsehen können, und beginnt mit seinen Erklärungen. Der Kunde steht. Es wäre dumm, dann nicht auch sofort aufzustehen, sondern sitzen zu bleiben, weil Sie sonst im übertragenen Sinne tatsächlich sitzen bleiben könnten.

Wie Spiegeln funktioniert oder eben nicht, lässt sich oft auch beim gemeinsamen Essen mit dem Kunden beobachten. Aus Höflichkeit fragt meistens der Kunde, was Sie gerne essen möchten. Handelt es sich bei dem ausgesuchten Restaurant nicht gerade um eine Stehpizzeria, so werden Sie eine große Anzahl von Menüs zur Auswahl haben. Wenn Sie noch nicht wissen, was der Kunde aussuchen wird, können Sie spiegeln, indem Sie den Kunden fragen, ob er etwas empfiehlt oder worauf er denn Lust hat, und sich selbst bei Ihrer Entscheidung entsprechend ausrichten.

Denn falls Sie gerne als ersten Gang sechs eisgekühlte Austern essen würden, danach Riesengambas, die Sie langsam mit den Händen pulen, und schließlich Ihre Mahlzeit mit einem umfangreichen Dessert abschließen, könnte dies zu einem leichten Unwohlsein führen, wenn im Gegenzug der Kunde einen kleinen Salat isst oder nur eine Suppe, oder wenn er absolut keine Meerestiere mag.

Vom Essen zum Trinken. Wenn Sie Ihr erstes Gespräch führen und gefragt werden, was Sie gerne trinken möchten, können Sie die Flexibilität Ihres Kunden besonders herausfordern, wenn Sie um ein frisches Glas Orangensaft bitten. Unabhängig davon, dass Sie es meistens nicht bekommen werden, wird an diesem Beispiel die Idee des Spiegelns deutlich. Effizient wäre auch hier die Frage danach, was der Kunde gerade trinkt. Sehr oft werden Sie es erleben, dass der Kunde von einer bestimmten Teesorte berichtet, die die Sekretärin extra für ihn zubereitet. Da sehr häufig den Tag über sehr viel Kaffee konsumiert wird, trinkt der Kunde vielleicht Karokaffee, oder er hat gerade Lust auf ein Glas Wasser. Trinken Sie dasselbe wie der Kunde, gleichen Sie Ihr Verhalten an. Der Kunde: Kaffee, Milch, Zucker, rühren. Sie parallel: Kaffee, Milch, Zucker, rühren. Das schafft eine Atmosphäre, auf der Sie aufbauen können.

Richten Sie Ihr Augenmerk auch auf die Kleidung. Bei Newcomern, Unternehmen am neuen Markt zum Beispiel wird eher kein Schlips getragen, dort ist eine etwas legerere Kleidung angesagt. Woanders wiederum sollten Sie sehr gut gekleidet, mit Krawatte und allem drum und dran, auftreten. Es erleichtert eben die Angelegenheit, in der Situation entsprechend mitzugehen. Allerdings darf ein solches Verhalten nicht in Faxenmachen ausarten.

Natürlich wäre es eine bessere Möglichkeit, das Verhalten Ihres Kunden zu spiegeln, wenn Sie mit ihm Golf spielen oder Ski fahren würden, aber die Möglichkeit werden Sie kaum haben. Spiegeln Sie deshalb auf Gebieten, auf denen es Ihnen möglich ist.

Eine sehr wirkungsvolle Art des Spiegelns ist die, sich gegenseitig von ähnlichen Erlebnissen zu erzählen. Vielleicht stammen Sie aus der gleichen Gegend oder pflegen ähnliche Hobbys. Fragen Sie ihn danach. Rasch haben Sie ein gemeinsames Gesprächsthema, welches eine Verbindung zwischen Ihnen aufbaut.

Werden Sie aber beim Spiegeln nie unehrlich! Einer unserer Kunden war in Österreich ein sehr bekannter Fußball-Nationalspieler und leitet jetzt ein größeres Unternehmen. Nun ist Fußball nicht jedermanns Sache. Als wir mit dem besagten Gesprächspartner einst in Österreich starteten und mit ihm in einem Raum saßen, in dem Trophäen und Fotos die Fußballer-Vergangenheit unseres Gastgebers bezeugten, lag das Thema Fußball auf der Hand. Darüber war unbedingt zu reden. So geschah es auch.

Die erste Frage lautete, ob der Kunde auch mit jemandem zusammenkommen könne, der Fußball nicht mag, oder ob dies der Anfang vom Ende unserer gemeinsamen Gespräche sei. Er lachte und erwiderte, er habe lieber einen Gesprächspartner vor sich, der ehrlich sagt, dass er nichts für Fußball übrig habe, als jemanden, der versuche ihm ein vorgebliches Interesse an diesem Thema vorzugaukeln. Das Eis war gebrochen, und im Folgenden redeten wir ein wenig übers Wandern. Von dieser Freizeitbeschäftigung sind wir gleichermaßen begeistert.

12. Small Talk – das kleine Gespräch auf der Beziehungsebene

Jedes Gespräch, auch wenn es noch so inhaltsreich und tiefgründig ist, beginnt und endet mit einem Small Talk. Wem dies klar ist, der wird die Bedeutung von Small Talk richtig einschätzen können.

Es ist ein natürliches Verhalten, unbekannten Personen zunächst mit einer gewissen Zurückhaltung zu begegnen. Die Abwehrmechanismen, die dann unter Umständen greifen, sind bekannt: Man weicht dem Blick aus oder schweigt. Was auf einer Stehparty möglich ist, ist im Gespräch mit einem Kunden tabu. Dann ist Schweigen Silber, denn Sie müssen etwas sagen. Und da hilft Small Talk. Small Talk kann den Damm brechen und schafft die Voraussetzungen, über andere Themen zu reden, Vertrauen aufzubauen. Deshalb unser Credo: Wer Small Talk nicht beherrscht, wird schwerlich Karriere machen können.

Zur Kommunikation gehört aber mehr als nur der Austausch gesprochener Worte. Small Talk erfüllt auch die Aufgabe, die Sprache des anderen zu vernehmen. Dabei ist es vollkommen egal, welchen Inhalt das Gespräch hat. Auch wenn Blabla geredet wird, muss der andere gehört werden, damit man sich auf ihn einstellen kann.

Es gibt in Afrika einen Stamm, dessen Angehörige sich so verhalten, dass sie zwei, drei Worte sagen und das Gesagte dann mit einem lauten Zungenschnalzer unterstreichen. Die Bewohner dieses Stammes wohnen im Busch, nicht im Irrenhaus. Ihr Verhalten ist äußerst kultiviert und kommunikativ. Mithilfe der genannten balancierenden Sprachebene harmonisieren sie fortlaufend ihre Gesprächsbeziehung. Und genau diese Funktion hat auch der Small Talk.

Wen das Thema Small Talk auf der Beziehungsebene besonders interessiert, und wer sich in dieser Technik üben möchte, an den sei der Hinweis gestattet, dass es ein eigenes Buch mit dem Titel „Small Talk und Karriere“ gibt (siehe Literaturverzeichnis).

13. Die Ja-Brücke

Ja. Ein kleines Wort mit einer großen Wirkung. Es motiviert zum Handeln und versetzt in eine gute Stimmung. Es signalisiert Akzeptanz, schafft Zufriedenheit, richtet das Interesse auf das, was geschafft wurde, und auf das, was noch zu tun ist.

Um positiv in gute Schwingungen zu kommen, ist es nützlich, am Anfang eines Gespräches zwei, drei Dinge zu erwähnen, zu denen der Kunde eigentlich nur ja sagen kann. Wenn es draußen regnet und windig ist und Sie darauf eingehen mit Worten wie „Mensch, ist es da draußen windig und regnerisch“, wird der Kunde das nur bejahen können. Auch die Bemerkung, dass es sich in einem Raum gut sitzen lässt, weil die Polster der Sessel weich und bequem sind, wird der Kunde bejahen. Wenn Sie ein Bild an der Wand entdecken, das Sie selbst interessant finden und daher zum Thema machen, wird der Kunde auch darauf eingehen.

Bemerkungen, auf die eindeutig mit ja zu entgegnen ist, schaffen eine positive Brücke, die dann entsprechend weiter aufgebaut werden kann.

Kapitel 5

Politische Seilschaften identifizieren und die **Schlüsselinformationen herausfinden**

1. ZDF: Zahlen, Daten, Fakten
2. Interview ist nicht gleich Interview
3. Briefing goes on
4. Stab oder Linie
5. Was nicht „dringend" ist, wird nicht zum Auftrag
6. Den Coach, Alliierten, Trend erkennen
7. Die Collage der Entscheider – das Political Poster
8. Hidden Agendas
9. Probleme gekonnt lösen
10. Die Treiber identifizieren
11. Konflikte in positive Energie umwandeln
12. Verdeckte Ermittlungen

BEISPIEL

Vor einiger Zeit hatten wir das Vergnügen, nach und nach mit zwölf Niederlassungsleitern eines großen Bankhauses persönlich sprechen zu dürfen. Wir begaben uns also auf eine Reise quer durch Deutschland, und nach ungefähr anderthalb Wochen befanden wir uns im Zustand der kompletten Konfusion. Jedes Gespräch war furchtbar nett und freundlich verlaufen. Der Kaffee wurde überall heiß serviert, die Einladungen zum Essen waren teilweise ein kulinarisches Erlebnis. In allen Häusern erlebten wir ein unglaublich starkes Entgegenkommen. Doch trotz der Zustimmung, die uns zuteil wurde, waren wir am Ende der Dienstreise verzweifelt und verwirrt.

Jeder der zwölf Fürsten, die wir aufsuchen durften, sprach sich offen und eindeutig für das vorgeschlagene Programm aus. Man lobte die Idee des vorsitzenden Vorstands als hervorragend, erklärte auch, dass dieser Entwurf in der jetzigen Marktsituation genau das Richtige wäre. Bis auf einige Nuancen, bei denen es sich jedoch lediglich um Marginalien handele, stimme man mit den Vorschlägen des Vorstandsvorsitzenden völlig überein, hieß es in sämtlichen Niederlassungen. Der Münchener ließ zwischen den Zeilen durchblicken, warum er das Programm eigentlich nicht anwenden würde, der Niederlassungsleiter in Leipzig vertrat die Meinung, dass er das Programm einsetzen wolle, ohne groß nachzufragen, denn das, was der Vorstandsvorsitzende vorschlage, müsse ja richtig sein. Dem Kölner war es egal, weil ja eh jedes Jahr ein neues Programm käme, und der Berliner fand das Konzept hervorragend, bevor er mit einigen Strichen auf einem Blatt Papier rasch ein Gegenkonzept entwarf. Weitere Einzelheiten ersparen wir Ihnen. Nur so viel: Keiner der Herren wollte seine Bedenken öffentlich machen.

Auf was waren wir hier gestoßen? Ganz klar, auf Seilschaften, Machtkämpfe, gegenseitige Diffamierungen und Statusspiele. Auch dabei gab es eine K-Frage. Es war längst klar, dass der Vorstandsvorsitzende in zwei Jahren seinen Job aus Altersgründen aufgeben würde, und an allen Ecken und Enden wurde schon mit den Hufen gescharrt und um die Nachfolge gebuhlt. Dabei war die inhaltliche Auseinandersetzung fast allen Gesprächspartnern ein absolut ehrliches Anliegen.

Wir erlebten einen Sumpf an politischen Querinteressen, die auch den besten inhaltlichen Ansatz zugeschüttet hätten.

Aufgabe der Diagnose ist es, genau herauszufinden, wie sich politische Landschaften abbilden, und den Mut zu haben, dies auch vor versammelter Kundenmannschaft offen zu legen. Dass dies in einer sehr diplomatischen Form geschehen kann oder sollte, ist ein anderes Thema.

1. ZDF: Zahlen, Daten, Fakten

Das Briefing-Gespräch hat die Aufgabenstellung im Unternehmen des Auftraggebers deutlich zu Tage gefördert. Sie haben exakt ermittelt, welchen Bedarf das Unternehmen hat. Doch bevor Sie Ihr Angebot formulieren können, müssen Sie noch Informationen sammeln, die die Strukturen und Interna des akquirierten Unternehmens in den Mittelpunkt des Interesses rücken. So läuten Sie die Diagnosephase ein. Dabei können Sie sich von zwei großen Zielen leiten lassen: Sorgen Sie erstens dafür, dass Sie fachlich alles in Erfahrung bringen, was Sie an Wissen brauchen, um einen guten Job machen zu können. Der andere Fokus richtet sich darauf, genau zu erfassen und zu analysieren, wie im betreffenden Unternehmen politisch gehandelt wird und welche Seilschaften dort bestehen. Seilschaften gibt es in jeder Gruppe, also auch in jedem Unternehmen. Es handelt sich hierbei keinesfalls um ein Ausnahmephänomen, das grundsätzlich negativ zu beurteilen ist. Seilschaften bestimmen entscheidend mit, wie Abläufe in Unternehmen vonstatten gehen und welche Machtapparate dort wie funktionieren.

Ihre Tätigkeit wird hauptsächlich darin bestehen, relevante Personen in der Unternehmung zu interviewen und Informationen darüber zu sammeln, wie vor Ort die Entscheidungsprozesse ablaufen. Was denken die Entscheidungsträger, wie gestalten sich Entscheidungswege?

Erst auf der Grundlage solcher Informationen ist die Gestaltung eines maßgeschneiderten Angebots effizient.

Natürlich können Sie schon im Briefing viel Wissenswertes zum Thema Unternehmenspolitik erfahren. Quellen im Umfeld anzuzapfen und interne politische Strukturen herauszuarbeiten gehört allerdings bei jeder Akquisition zum Geschäft. Es empfiehlt sich, für die entsprechenden Aktivitäten einen eigenen Rahmen zu schaffen und einen gesonderten Zeitplan aufzustellen.

Wenn Sie nicht näher in das Unternehmen eintauchen können, weil zum Beispiel Briefings im Rahmen von Ausschreibungen stattfinden und alle Wettbewerber an einem Tisch sitzen, sodass Sie nur dort die Möglichkeit haben, mit den Beteiligten zu sprechen, sollten Sie die Analyse quasi virtuell vornehmen. Ohne mit den einzelnen Informanten direkt zu reden, können Sie sich dann Informationen zum Beispiel über Kontakte, die zu dem Unternehmen früher bestanden haben, über Marktanalysen, über allgemein erhältliche Informationen, über Experten oder aufgrund des Wissens über andere Projekte, die in den betreffenden Unternehmen dort durchgeführt wurden, beschaffen.

Schätzen Sie die Bedeutung von zunächst neutral und möglicherweise konfus anmutenden Mengen an Zahlen, Daten und Fakten (ZDF), die Sie über das Unternehmen, bei dem Sie akquirieren möchten, in Erfahrung bringen, sehr hoch ein. Sie können Sie auf Ihre Zwecke hin interpretieren, ordnen und bewerten und schaffen damit eine wesentliche Grundlage für Ihr weiteres Vorgehen.

2. Interview ist nicht gleich Interview

Das Interview ist eine intelligente Methode und üppige Fundgrube, um in der Diagnosephase vorwärts zu kommen. Vorausgesetzt, Sie stellen die richtigen Fragen. Wird Ihnen die Gelegenheit geboten, mit den Beteiligten Interviews zu führen, können Sie einer Struktur folgen, die es Ihnen erleichtert, so vorzugehen, dass Sie erfolgreich sind. Ziel des Interviews ist es, die wesentlichen Beweggründe des Gesprächspartners, die Punkte, die ihm besonders am Herzen liegen, ans Licht zu bringen.

Gestalten Sie das Interview deshalb nicht so, dass Sie Fragen herunterrasseln, die Sie sich vorher zurechtgelegt haben. Vermeiden Sie Fragen, die das später daraus zu Adaptierende schon quasi vorgefasst haben, sowie Fragen, die den Kunden manipulieren, ihn in eine bestimmte Richtung drängen, ihn festnageln. Was im Journalismus sehr hilfreich sein kann, bringt Sie nicht weiter. Sie sind kein Boulevard-Journalist, der nach einer Schlagzeile, die sich verkaufen lässt, lechzt und deshalb suggestiv fragt.

Bombardieren Sie den Kunden nicht mit Fragen. Sind die Denkräume von Ihnen abgesteckt, können Sie nicht in die Gedankenwelten des Kunden eintauchen, um dessen Denkmuster zu erfassen. Lassen Sie den Kunden die Linie festlegen und den Leitfaden bestimmen. Animieren Sie ihn, über das, worauf es ihm ankommt, zu reden. Fragen Sie deshalb lieber nach, als selbst zu viel zu sprechen und so den Kunden von seinen Themen abzulenken. Fragen Sie nach und verfahren Sie mit den Themen, Problemen und Zielen des Kunden so wie beim Zwiebel schälen. Entfernen Sie Schale um Schale, arbeiten Sie sich Stück für Stück vor.

Ein Interview in der Akquisition gut zu führen bedeutet, professionell im Unbekannten operieren zu können, und nicht nur das zu hören, was man versteht. Was der Mensch nicht aus sich selbst erkennt, das erkennt er oft gar nicht. Denken Sie an die kleine Geschichte von dem Mann, der jeden Tag vor einem großen Bretterzaun saß und durch eine Öffnung blickte, die durch ein fehlendes Brett entstanden war. Auf der anderen Seite des Zauns kam täglich ein Esel vorbei, von dem man erst die Nase, dann den Kopf, dann die Vorderläufe, dann den braunen Rücken, und schließlich den Schwanz sah. Eines Tages nun sprang der Mann auf und rief: „Die Sache ist völlig klar, die Nase ist die Ursache des Schwanzes."

Lassen Sie den Kunden erzählen. Lassen Sie den Kunden auch Geschichten erzählen, die seine Sachlage illustrieren können. Es kann sein, dass Ihnen Ihr Kunde bei einer Befragung Informationen weitergibt, die Sie auf extreme Widerstände Ihrer Lösung gegenüber aufmerksam machen könnten. Aber es ist besser, Sie hören über solche Widerstände zu früh, als dass Sie sie zu spät oder gar nicht erfahren.

3. Briefing goes on

Inhaltlich steht in der Diagnosephase die Ermittlung von Zahlen, Daten und Fakten auf dem Programm. Strukturell orientiert sich diese Befragung aber an den Techniken, die schon im Briefing zentrale Bedeutung hatten: Zielfindungsprozesse begleiten, die bevorzugte Kaufstrategie erfassen, Denkstrukturen analysieren, präzise nachfragen, Prioritäten festlegen. All diese Aspekte, die in der Briefing-Phase behandelt wurden, können Sie auch in der Diagnose wieder anwenden. In der Diagnosephase können sich Briefing-Situationen wiederholen. Nicht in der gleichen Form, weil ja andere Inhalte im Vordergrund stehen, aber ähnlich.

Es ist deshalb sicher richtig, die Unterscheidung von Briefing und Diagnose im Kopf exakt zu behalten. Das bedeutet aber keineswegs, dass Sie die Inhalte des Briefings nun hintanstellen oder vergessen könnten. Im Gegenteil: Bei der Befragung der Beteiligten zu anderen Inhalten können Sie Ihr Wissen über deren Ziele, Kaufstrategien, Denkstruktur etc. nun kreativ einsetzen.

4. Stab oder Linie

In der Diagnosephase nehmen Sie sich die Zeit, Entscheidungsstrukturen in der Tiefe herauszuarbeiten. Nicht immer gelingt es, in den Kerngesprächen mit dem direkten Entscheidungsträger oder mit einem Entscheidungsvorbereiter sprechen zu können. Oft geraten Sie an einen Informanten.

Noch ungünstiger ist es, wenn Sie bei einer neugierigen Stabsstelle landen, die im allerschlimmsten Falle auch noch verbeamtet ist und natürlich eine Unmenge von Zeit hat. Wenn Sie dort sitzen und das erkennen, sollten Sie den natürlichen Trieb, aufzustehen und wegzulaufen, unterdrücken.

Fokussieren Sie das Gespräch lieber darauf, etwas darüber in Erfahrung zu bringen, wie die Informationsstrukturen des Unternehmens sind, wie Ihr jeweiliger Gesprächspartner andere Personen einschätzt oder wie etwas in dem Unternehmen organisatorisch zentral abläuft. Fragen Sie Ihre Gesprächspartner auch, was sie als Entscheidungsträger tun, wo sie ansetzen würden.

5. Was nicht „dringend" ist, wird nicht zum Auftrag

Erkundigen Sie sich nach der Rangliste, nach den Top 3 des Kunden. Was steht in seinem Unternehmen an erster, zweiter, dritter Stelle? Welche Dringlichkeit hat das gerade aktuelle Thema für Ihren Gesprächspartner? Rangiert es wirklich auf dessen Agenda ganz oben? Oder handelt es sich für ihn eher um Routineangelegenheiten, die in seinem Unternehmen abgespult werden und die ihn eigentlich weniger interessieren? Fragen Sie den Kunden auch danach, wann das Thema für ihn eine andere Dringlichkeit bekommen würde. So erfahren Sie, ob und in welchem Maße sich der Kunde bewegen wird. Finden Sie heraus, was für ihn on top ist.

Dazu gehört eine gewisse Indiskretion, aber schließlich wollen Sie ja nichts Wesentliches versäumen. Gehen Sie dicht ran, fragen Sie beharrlich nach. Dazu gehört auch eine Portion Mut. Es kann ja durchaus sein, dass dem Kunden andere Themen sehr viel wichtiger sind, er aber aktuell keine Chance sieht, sich adäquat mit ihnen zu beschäftigen. Wenn Sie zum Beispiel erleben, dass Ihr Gesprächspartner in seinem Unternehmen gerade Total Quality einführt, parallel dazu Kaizen, dies mit einer leichten Destrukturierung kombiniert und gleichzeitig darauf achtet, dass die Integration, die kürzlich erfolgt ist, im Rahmen eines exzellenten Change-Prozesses gut läuft, zudem noch ein Zielprozess für alle Abteilungen angesteuert wird, dürfte es Sie nicht verwundern, dass der Kunde Ihre Thematik zwar ebenfalls als äußerst wichtig empfindet, sich aber gezwungen sieht, Sie auf später zu vertrösten. Thema Reizüberflutung. Schaffen Sie in solchen Fällen Klarheit, helfen Sie dem Kunden beim Aufräumen, und finden Sie im Gespräch mit ihm die Tops auf seiner Hitliste heraus.

6. Den Coach, Alliierten, Trend erkennen

Sehr häufig ist auf der Kundenseite die Entscheidung für eine Lösung die Sache von Teams. Es kommt vor, dass einer die Entscheidung allein trägt, meistens sind es jedoch mehrere Vorstände oder mehrere Geschäftsführer, die ja oder nein sagen. Häufig treten auch Entscheidungsvorbereiter in Erscheinung. Sie haben die Aufgabe, Entscheidungen zu präparieren und den Entscheidungsträgern Unterlagen zur Entscheidung vorzulegen.

Es wäre für Sie günstig, wenn Sie im Unternehmen des Kunden auch Alliierte ausmachen könnten. Alliierte sind geschäftliche Freunde, keine in irgendeiner Form geschmierten Jasager, mit denen Sie eine Seilschaft verbindet. Alliierte unterstützen Ihre Lösung dann, wenn sie sie als das Beste für ihr Unternehmen einschätzen und für ihr Unternehmen einen guten Job machen wollen. Alliierte sind auch wichtig, weil sie über die informellen Strukturen Auskunft geben. Sie können deshalb gerade in der Diagnosephase für Sie gute Dienste leisten und Sie darüber informieren, wie Sie vorgehen können, um wirksame Ergebnisse zu erzielen.

7. Die Collage der Entscheider – das Political Poster

Zu den Entscheidungsträgern und Entscheidungsvorbereitern gesellen sich noch die Informanten, die weder Vorbereiter noch Entscheider sind, die aber ebenfalls gehört werden. Diesem Personenkreis im Kundenunternehmen und den Rollen, die sie im Unternehmen einnehmen (Geschäftsführer, Anwender, Einkäufer, Alliierte etc.), gilt nun Ihre ganze Aufmerksamkeit.

Die Fähigkeit, die Strukturen zu erfassen, in denen die handelnden Personen im Unternehmen agieren, also die politischen Verhältnisse innerhalb des Unternehmens durchschauen zu können, macht einen gehörigen Prozentsatz Ihres Erfolgs aus.

Vergeuden Sie deshalb Ihre Kräfte nicht auf der Ebene von Stabsfunktionen. Wenn Sie sich möglicherweise gerne unterhalten, dann dienen solche Gespräche eben Ihrer Unterhaltung, nicht aber automatisch auch Ihrem Geschäft. Konzentrieren Sie sich deshalb auf die Partner im Unternehmen, die tatsächlich zur Entscheidung beitragen.

Denken Sie dabei nicht in zu starren Strukturen. Es kann ja auch vorkommen, dass Entscheidungsvorbereiter über ihre sonstige Rolle hinausragen und ebenfalls Kernentscheidungen treffen, oder dass ein Entscheidungsträger einem Vorbereiter die Entscheidung völlig überlässt, vielleicht, um ihn auf dem Weg zum Gipfel entsprechend kappen zu können, und wenn die Sache nicht klappt, dessen Kopf zu fordern. Solche unangenehmen Zeitgenossen soll es ja geben ...

Die beim Kunden agierenden Personen und deren informelle Funktionen können Sie in einem Political Poster veranschaulichen.

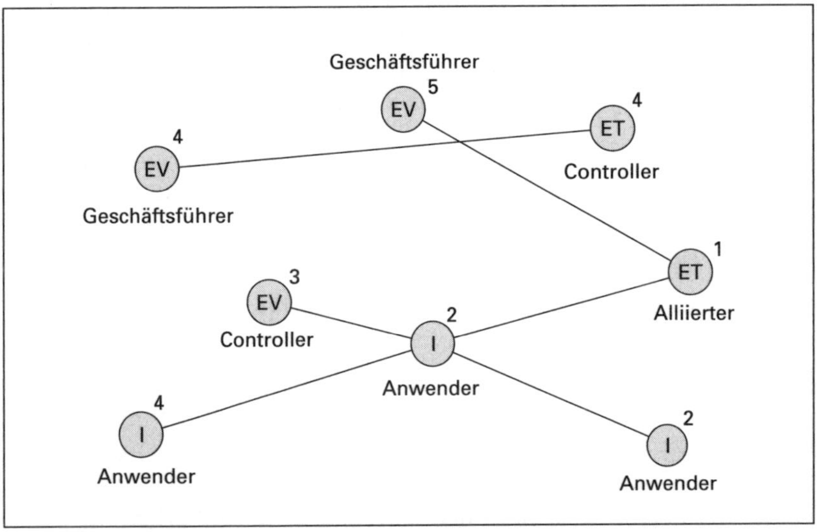

Abbildung 12: Political Poster

Auf einer solchen Strukturskizze sind die Entscheidungsträger vermerkt. Ferner ist dort dargestellt, wie diese Entscheidungsträger bewertet sind. Außerdem finden Sie dort Hinweise auf die Kaufstrategien, auf die Denkstrukturen und auf Besonderheiten. Die Linien bilden die Verknüpfungen der Kernentscheidungsträger untereinander ab sowie die Verbindungen zu den Entscheidungsvorbereitern und den Informanten.

Es erhöht die Aussagekraft des Schaubildes, wenn Sie die Entscheidungsstruktur zusätzlich noch bewerten und entsprechend ranken. Der Alliierte steht auf der Rangstufe 1, weil er die nächste Verbindungsstufe zu Ihnen hält und Sie uneingeschränkt unterstützt. Rang 2 nehmen die Personen ein, die Ihnen positiv gesonnen sind. Auf die Stufe 3 stellen Sie die neutral eingestellten Personen, auf Stufe 4 ordnen Sie die ein, die negativ urteilen. An Position 5 gehören diejenigen, die sich in einer Konfliktsituation befinden, und Stufe 6 ist denen vorbehalten, die Sie nicht kennen lernen, weil Sie gar nicht mit ihnen sprechen können. Es passiert nicht selten, dass Entscheidungsträger bis zur Präsentation überhaupt nicht zu sehen sind, weil sie keine Zeit haben und das Projekt delegiert wurde. Bei der Betrachtung von Rang 5 ist zu beachten, dass Sie es hier natürlich auch mit Konflikten zu tun haben können, an denen Sie nicht selbst beteiligt sind und die es vielleicht schon vorher gab.

Es ist unbedingt anzuraten, solche Informationen nicht in die EDV einzuspeisen, weil sie persönlichen Charakter haben und aus datentechnischen Gründen zu schützen sind. Nehmen Sie dafür Ihre Hände zu Hilfe. Was passieren kann, wenn dieser Rat nicht befolgt wird, zeigte die Olympiabewerbung der Stadt Berlin. Sie erinnern sich bestimmt daran, dass aufgrund dummer Zufälle bekannt wurde, dass in Berlin viele persönliche Daten von IOC-Mitgliedern, die die Entscheidung über den Austragungsort für die Spiele im Jahre 2000 zu treffen hatten, gesammelt worden waren. Dabei handelte es sich auch um Informationen über sexuelle Vorlieben und Grade von Bestechlichkeit. Diese Top-Secret-Informationen hatte man fein säuberlich mit preußischer Sorgfalt für die Ewigkeit archiviert und schließlich ans Licht der Öffentlichkeit gezerrt. Kein Wunder, dass Berlin bei der Entscheidung schlechte Karten hatte und durchfiel.

Ein Political Poster können Sie natürlich mit weiteren gesammelten Vorabinformationen versehen, indem Sie zum Beispiel Denkstrukturen und Kaufstrategien der jeweiligen Entscheidungsträger zuordnen.

8. Hidden Agendas

Welche politischen Lager gibt es im Unternehmen des Kunden? Wie sieht das politische Geflecht aus, das die Handlungsabläufe im Unternehmen maßgeblich mitbestimmt? Da gibt es zum Beispiel die alten Hasen und die jüngeren Starter, die häufig unterschiedliche Rollen im Unternehmen spielen. Da gibt es vielleicht aufgrund von Integrationsprozessen unterschiedlicher Blöcke von Mitarbeitern, die zusammenarbeiten oder sich eher bekämpfen, die einander verstehen oder eher missverstehen. Da gibt es die Historien der verschiedenen Führungskräfte. Da gibt es solche, die zuvor bei anderen Companies waren, einen Teil Ihrer Mitarbeiter von dort mitgebracht haben und nun mit ihnen interne Seilschaften bilden. Sie können die Palette beliebig erweitern, Sie können die unterschiedlichsten Verhältnisse, Strukturen und Geschichten in Erfahrung bringen und Ihr Leistungsangebot entsprechend ausrichten.

9. Probleme gekonnt lösen

Welche Antwort kann Ihr Lösungsvorschlag auf die Problemlage des Kunden liefern? Um diese Frage zu beantworten, müssen Sie zunächst die Problemlage des Kunden weitgehend erfassen können. Ist das geschehen, dürfen Sie das Wort „Problem" eine Zeit lang wieder aus Ihrem Wortschatz streichen. Können Sie das Problem benennen, ist in einem nächsten Schritt zu ermitteln, welche Lösung es gibt. Anschließend werden die Lösungen bewertet, und Sie können herausarbeiten, welche Optionen Sie haben. Entsprechend werden dann die Optionen bewertet, und auf diesen Analyseergebnissen können Sie schließlich eine Entscheidungsgrundlage aufbauen.

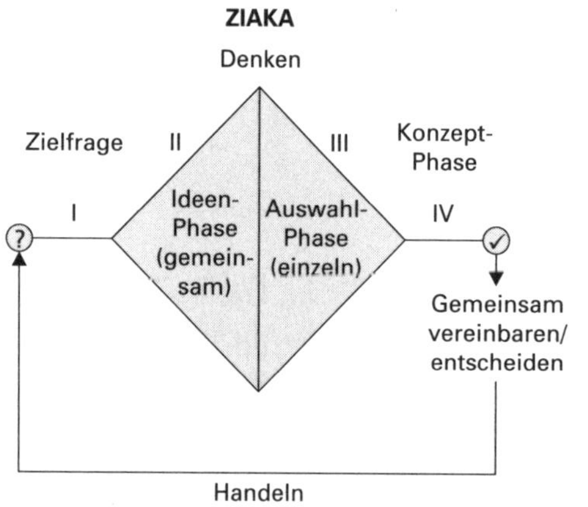

Z Zielfrage	= Präsentation Zielfrage
I Ideen-Phase	= Ideenproduktion, Sammelphase
A Auswahl-Phase	= Bewertung/Auswahl/Kritik
K Konzept-Phase	= Entwicklung von Maßnahmen/Konzepteinsätze
A Aktions-Phase	= Aktionsplan und Umsetzen

Abbildung 13: Problemlösungsprozess

Bringen Sie den Kunden dazu, sich von einer reinen Problemsicht zu lösen, und gelangen Sie gemeinsam mit ihm zu einer Lösungsorientierung. Sie können diese Orientierung moderieren, wenn mehrere beteiligt sind, Sie können sie aber auch mit einem Partner alleine generieren. Sehr oft haben Sie es auch mit Gruppen zu tun, mit denen Sie in der Diagnosephase zu sprechen haben.

10. Die Treiber identifizieren

Als Treiber können solche Mitarbeiter des Kunden bezeichnet werden, die ein hohes Interesse am Unternehmen haben. Sie sind die Leistungsträger des Unternehmens, die Leader und Macher, die die Dinge in Gang bringen und ausführen. Ihnen gegenüber stehen Mitarbeiter, die mit Vorliebe in Unternehmen stabsorientiert vor sich hindösen und froh sind, dass ihnen nichts getan wird.

Treiber sind die Opinionleader des Unternehmens. Sie bilden eine Art Matrixebene zu den Entscheidungsvorbereitern und Entscheidungsträgern, und sind eine zusätzliche Qualitätsklasse, die es zu identifizieren gilt. Man muss in Erfahrung bringen, wer im Unternehmen wirklich die Macher, die Beweger, die Motivatoren sind, die die Sachen anpacken und konsequent durchziehen.

11. Konflikte in positive Energie umwandeln

Wenn Sie in einem Gespräch in eine Konfliktsituation mit dem Kunden geraten oder merken, dass der Kunde mit anderen Entscheidungsträgern, die das Projekt begutachten, in Konflikt steht, ist es geboten, dieses Problem konstruktiv anzugehen. Das Ziel besteht darin, Konflikte in Lösungsenergie zu transformieren. Um das zu erreichen, muss man zunächst einen Konflikt erkennen, ihn exakt analysieren und herausfinden, welche Einstellungen die Gesprächspartner haben und welche Zielsetzungen sie verfolgen. Ferner ist exakt herauszuarbeiten, welche Ziele als polare Gegenpositionen erlebt und abgelehnt werden.

Sie können darauf vertrauen, dass ein Konflikt meistens auch die Chance zur Veränderung beinhaltet. Oft können erst durch bereinigte Konfliktsituationen erstarrte Kommunikationsmuster aufgelöst, zementierte Positionen und Gefühle über Bord geworfen und der Zugang zu anderen Perspektiven eröffnet werden.

Deshalb gilt es herausfinden, wie sich die Beziehungen zwischen den an einem Konflikt Beteiligten darstellen. Außerdem muss man prüfen, ob grundsätzlich eine Lösungsbereitschaft vorhanden ist. Holen Sie sich dafür bei den Beteiligten explizit die Zusage. Wenn die Bereitschaft, zu einer gemeinsamen Lösung zu kommen, vorhanden ist, können Sie nach der guten Absicht, die hinter den Standpunkten der Streithähne steckt, fragen.

Arbeiten Sie die unterschiedlichen Standpunkte, sofern sie klar zu erkennen sind, so um, dass die Differenzen auch für die Beteiligten deutlich sichtbar werden. Betonen Sie nicht künstlich um der Harmonie willen die Gemeinsamkeiten von Standpunkten. Dadurch könnten sich die Standpunkte eher verhärten. In der Regel sind die Differenzen zwischen den unterschiedlichen Standpunkten zu groß, als dass auf dieser Grundlage Gemeinsamkeiten vereinbart werden könnten.

Konzentrieren Sie sich vielmehr darauf zu ermitteln, was die Standpunkte auf einer höheren Ebene miteinander verbinden könnte. Die harmonisierenden Potenziale liegen vor allem darin, dass Konfliktpartner eher bereit sind, ihre Standpunkte zugunsten einer neuen Perspektive, zugunsten eines Denkens in einer anderen Dimension aufzugeben. Aus der Grundeinstellung heraus, dass viele Vorwürfe im Grunde negativ formulierte Wünsche an den anderen sind, kann so ein gemeinsames Ziel erarbeitet und formuliert werden, welches so wichtig für beide Seiten ist, dass es entgegengesetzten Positionen gerecht werden kann. Der Prozess ist zu Ende, wenn beide Parteien ihr Commitment dazu geben können, ohne Wenn und Aber.

Wie eine solche Konfliktlösung praktisch aussehen könnte, lässt sich an einem Beispiel verdeutlichen. Ein Mitarbeiter der Produktion erkennt vor allem Einsparungspotenziale in seiner Abteilung. Ihm erscheinen Investitionen am sinnvollsten, die entsprechende Potenziale aktivieren. Ein anderer argumentiert dagegen aus der Vertriebsposition heraus und plädiert dafür, die zur Verfügung stehende Finanzsumme in den Vertrieb zu stecken, statt Kosten zu sparen, um auf diese Weise Auftragspotenziale zu generieren. Oberflächlich betrachtet sind diese beiden Standpunkte wohl kaum miteinander zu vereinbaren.

Die Lösung, beide zusammenzubringen und die Mitarbeiter zu gemeinsamem Handeln zu bewegen, beantwortet die Frage: Zu welcher Zielsetzung könnten beide ja sagen, welche Zielsetzung könnten sie als gemeinsame anerkennen? Eine mögliche Lösung wäre in diesem Falle zum Beispiel der Zukauf einer neuen Unternehmung im Rahmen einer „emergent aquisition", die ein Geschäftsfeld schneller wachsen lässt, als es eine Produktionseinsparung oder eine betriebliche Aktivität jemals bewirken könnte.

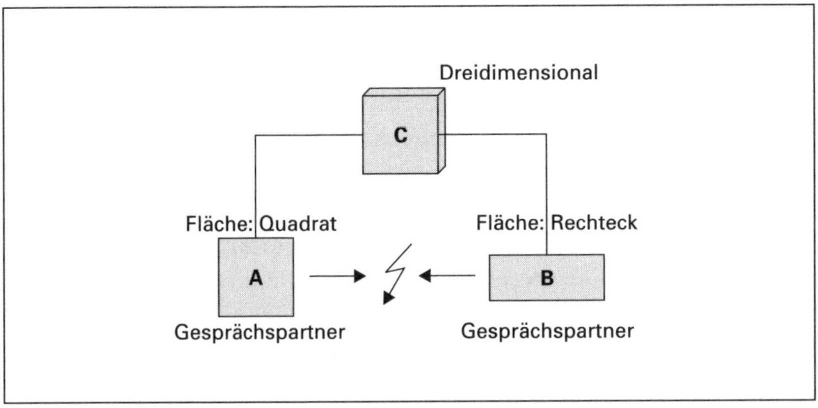

Abbildung 14: Andere Dimension

Anders stellt sich die Situation dar, wenn Sie spüren, dass auf der inhaltlichen Ebene keine Übereinkunft erzielt werden kann, obwohl sich durchaus gute Idee und Lösungen anbieten würden. Wenn inhaltliche Lösungsangebote nicht mehr mit dem nötigen Respekt zu diskutieren sind, dann liegt die Vermutung nahe, dass ein persönlicher Grund für den Konflikt vorliegt.

Bei einem so gelagerten Konflikt gilt es, die sachliche Gesprächsebene zu verlassen und den darunter liegenden Konflikt auf der emotionalen Ebene bewusst anzusteuern und anzusprechen. Dafür eignen sich Formulierungen wie: „Ich bekomme mit", „ich vermute", „ich nehme wahr", „könnte es sein, dass es da ein persönliches Missverständnis gibt", „ich spüre, dass etwas nicht stimmt".

Schildern Sie die Situation also aus Ihrer Wahrnehmung heraus. Den Konfliktpartnern vorzuhalten, dass sie die inhaltliche Ebene aufgrund emotionaler Einfärbungen vernachlässigen, hilft nicht weiter. Stellen Sie Ihre Emotionen, Ihre eigene Wahrnehmung, in den Vordergrund. Argumentieren Sie aus der Ich-Position, die die anderen nicht bestreiten können, heraus. Die Angesprochenen können dann darauf eingehen und ihrerseits ebenfalls offen genau die Punkte ansprechen, die einer inhaltlichen Lösung, einem Lösungsverständnis noch entgegenstehen. Sind persönliche Argumente ausgeräumt, kann wieder auf die inhaltliche Ebene zurückgekehrt werden.

12. Verdeckte Ermittlungen

Die Diagnosephase ist dann abgeschlossen, wenn Sie Ihres Erachtens genügend Informationen gesammelt haben, die Sie auswerten und auf deren Grundlage Sie Ihr Konzept erstellen können. Holen Sie sich deshalb die Informationen gezielt dort, wo später auch die Entscheidungen getroffen werden, also bei den Entscheidungsträgern bzw. bei dem Entscheidungsvorbereitern. Reden Sie mehr mit Entscheidungsträgern als mit Informanten, und sprechen Sie vor allem mit Treibern. Das sind Ihre wichtigsten Ansprechpartner.

Wenn es Ihnen gelingt, mit allen relevanten Personen zu sprechen, die später die Aufträge vergeben, liegt der Idealfall vor. Was aber tun, wenn Ihnen die hohen Herren nur teilweise für Gespräche zur Verfügung stehen? Nehmen wir an, Sie haben in einem Unternehmen bei fünf Personen Auskünfte eingeholt, bei drei Informanten und zwei Vorbereitern. Inhaltlich haben Sie mit diesem Personenkreis eigentlich alles Wissenswerte erörtert. Den Kernentscheider dagegen haben Sie nicht zu Gesicht bekommen. Darauf zu verzichten, auch diesen kennen zu lernen, hieße, die Akquisition ins Blaue hinein weiter ausgestalten zu müssen.

In diesem unbefriedigenden Zustand die Diagnosephase zu beenden, würde zu berechtigtem Unbehagen führen. Sie würden riskieren, dass Sie später in der Präsentation vor wichtigen Personen sitzen, die Sie vorher nicht gesehen haben, die Sie gar nicht kennen, und von denen Sie nicht wissen, wie sie denken.

Verfolgen Sie in diesem Falle deshalb hartnäckig Ihr Ziel, tatsächlich mit allen Personen zu reden, die später auch an der Entscheidung beteiligt sind. Versuchen Sie sich auch vom Entscheidungsträger ein Bild zu machen. Wenn Sie ihn zu einem Gespräch bitten, können Sie dies aber natürlich nicht damit begründen, dass Sie ihn unbedingt sprechen müssen, weil Sie ihn gerne einschätzen würden, quasi aus politischen Gründen, weil er ja später die Entscheidung fällt. Dies offen zu sagen, wäre plump. Ermitteln Sie deshalb verdeckt. Finden Sie ein inhaltliches Argument mit einem solchen Gewicht, dass sich der Entscheidungsträger zu einem Gespräch bereit erklärt, ohne dass Sie Ihre eigentliche Absicht für dieses Gespräch preisgeben. Als Aufhänger für ein solches Gespräch brauchen Sie eine Idee. Überlegen Sie, was Sie ihn inhaltlich fragen könnten, um ihn kennen zu lernen und eine persönliche Brücke zu ihm aufbauen zu können.

Erst wenn Sie mit allen wichtigen Personen, die an der Entscheidungsfindung beteiligt sind, in Kontakt gekommen sind, können Sie die Diagnosephase als beendet betrachten und sich mit der Ausgestaltung des Konzepts beschäftigen.

Kapitel 6

Konzept, **Idee** und **Plan** ...

1. Es geht um konkrete Ergebnisse
2. Die Winning Edge
3. Viele Wege führen nach Rom
4. Transfer und Change
5. Umsetzung im Projekt
6. Speed, Tempo, Geschwindigkeit
7. Platz lassen für Änderungen: Improvisation
8. Optionen bieten Wahlfreiheiten
9. Widerstände einbauen
10. Wettbewerbssituationen nutzen
11. Nur Mut!

BEISPIEL

Es war einer dieser Regentage, die meistens damit verbunden sind, dass am Vortag ein guter Freund aus irgendeinem fernen Land anrief, in dem gerade die Sonne schien. Der kleine, charmante Meetingraum, in dem wir uns befanden, hätte gute Chancen gehabt, einen geheimen Wettbewerb zu gewinnen, der lautet: Wer kreiert den langweiligsten Raum? Wir hatten im Wettbewerbsbeitrag einer großen Kaufhauskette Platz genommen. Die Fragestellung, um die es gehen sollte, war simpel: Wie kann es gelingen, Tausende von Verkäuferinnen und Verkäufern so zu unterstützen, dass sie ihre Qualität im Job deutlich steigern? Der Kunde wünschte, dass aus Zeitgründen auf klassische Instrumente wie Workshops, Vorträge und Seminare verzichtet wurde. Es war unsere Aufgabe, eine Idee zu kreieren, in die sich die bereits laufenden Coaching-Ansätze des Unternehmens sinnvoll integrieren ließen. Was für dieses Unternehmen speziell entwickelt wurde, war, wie wir meinen, die Umsetzung einer exzellenten Idee. Es wurde ein solch ideenreiches und witziges Manual geschaffen, dass sich 90 Prozent der Verkäufer/innen im Rahmen eines Diskurs-Projekts frei- und bereitwillig mit dem Inhalt dieses Manuals auseinandergesetzt haben.

Filmschnitt: Ein Kunde aus der Elektrobranche suchte Unterstützung dabei, die Ziele, die sich das Unternehmen setzte, zu erreichen, ohne dass für die 60 besten Verkäufer auch nur eine Stunde in Seminare bzw. Workshops investiert werden sollte. In diesem Fall wurde ein spezielles Case-Training entwickelt, das mit ohnehin stattfindenden Gesprächen gut zu verbinden war.

Wieder ein anderer Kunde aus dem Logistikbereich verlangte eine Aufgabenstellung, die letztlich in ein Aktionsprogramm mündete, mit dem das Arbeitsvolumen des Kunden innerhalb von sechs Monaten um 10 Prozent gesteigert werden konnte.

Diese Beispielkette für Projektideen ließe sich beliebig verlängern. Wenn die Diagnoseergebnisse vorliegen, gilt es, für den Kunden etwas zu entwickeln, was einmaligen Charakter hat.

Wer jedoch einen Blick auf die Branche der Unternehmungsberatungen wirft und zum Beispiel Managermagazine liest, kann feststellen, dass fast zwei Drittel der eingesetzten Programme den Top Ten der deutschen Unternehmungsberatungen der Republik nicht die gewünschten Resultate gebracht haben. Ein niederschmetterndes Ergebnis, dessen Ursache wohl darin liegen dürfte, dass einfach immer wieder Standards wiederholt werden und auf den Kunden letztendlich keine Rücksicht genommen wird. Bei auf Hochglanzpapier gedruckten Versprechungen, dass der Kunde individuell und maßgeschneidert betreut werde, handelt es sich fast grundsätzlich um heruntergeratterte Allgemeinplätze.

Vor dem klugen Konzept steht der kluge Einfall. Ohne Ideen können Sie keine Angebote offerieren. Dies setzt voraus, dass Ihnen etwas einfällt – oder dass Sie jemanden kennen oder mit jemandem zusammenarbeiten, der Ideen hat. Ideen kreieren heißt auch: Lösen Sie sich von Hergebrachtem, kochen Sie nicht im alten Saft. Gefragt ist der Wurf, der Plan, der den entscheidenden Unterschied schafft, welcher den Erfolg bringt. Zapfen Sie dafür Ihr kreatives Potenzial an.

1. Es geht um konkrete Ergebnisse

Welche Resultate könnten den Kunden interessieren? Was will der Kunde, welche Ziele will er mit einem Projekt erreichen? Sehr oft ist Ihre Lösung für den Kunden nur ein Mosaikstein, um Kernziele zu realisieren. Gibt es mehrere Entscheidungsträger, die unterschiedliche Resultate im Kopf haben? Worin könnten Gemeinsamkeiten bestehen? Wie können Ergebnisse qualitativ messbar dargestellt werden? Wann will der Kunde die Ergebnisse vorliegen haben?

Resultate entstehen aus guten Antworten auf gute Fragen. Gute Antworten verlangen einen ganzen Brutkasten von Ideen. Bedenken Sie auch die Machbarkeit der Umsetzung. Eine Idee muss Wirklichkeit werden können, oder sie ist eine eitle Seifenblase.

2. Die Winning Edge

Wenn ein altes Haus einen neuen Anstrich bekommt, ist es fraglich, ob sich dadurch auch die Mentalität seiner Bewohner verändert. Wenn Sie eine neue Note in Ihre Partnerbeziehung bringen wollen, reicht es kaum aus, zum Friseur zu gehen oder sich eine neue Rasur zu verpassen. „Zwar sieht sie/er anders aus, ist aber der gleiche Mensch geblieben“, wird sich der Partner dann denken. Machen Sie sich auf dem Weg zu einem überzeugenden Konzept nichts vor. Drehen Sie dem Kunden nichts an, gaukeln Sie ihm nichts vor, arbeiten Sie nicht unter Vorspiegelung falscher Tatsachen. Warten Sie nicht mit Weisheiten auf, die sich als das Ewiggestrige entpuppen könnten. Lassen Sie vorschnelle Erfolgssprechblasen platzen.

Aus Sicht des Kunden sind Ihre Ideen, Lösungs- oder Produktvorschläge vor allem unter dem Aspekt der Wertschöpfung interessant. Er muss etwas davon haben, einen richtigen Mehrwert, einen „Added Value“, der spürbar ist, der ihm neue Sichtweisen, neue Chancen eröffnet. Um da erfolgreich zu sein, müssen Sie sich auf das Gebiet der Inspiration begeben. Überlegen Sie, setzen Sie sich mit Ihren fähigsten Mitarbeitern zusammen, beschäftigen Sie Ihr inneres kreatives Labor, denn Sie brauchen eine Idee, die mehr ist als das Übliche. Sie brauchen eine Idee, die einen Vorsprung schafft, eine Winning Edge, eine Idee, die den Kunden in die Zielzone und damit dorthin, wo es ihm gut geht, führt.

Die Rede ist von Kreativität. Doch was heißt eigentlich Kreativität? Wesentliches Merkmal für einen Mangel an Kreativität ist: Sie ist nicht da, wo Sie aktuell sind. Eine kreative Idee können Sie nicht dort finden, wo die Gewohnheit kocht, im Üblichen, in der Routine. Um kreativ zu werden, müssen Sie die Zellen, die Gitterstäbe im eigenen Kopf aufschließen, abfeilen, und den dortigen Insassen wecken. Zu einer kreativen Idee müssen Sie hin, die müssen Sie suchen, und zwar nicht dort, wo Sie schon sind oder waren: im Bekannten und Bewährten, in der Wiederholung dessen, was Sie schon immer getan haben, was in dem Unternehmen schon immer praktiziert wurde und doch nicht die gewünschten Resultate geliefert hat.

Neue Ideen zünden Lichter an, sie aktivieren den alten Verstand, der oft auf der Bewusstseinsebene einer Schlaftablette dahinvegetiert. Ihn müssen Sie austricksen, dem müden Geist ein Schnippchen schlagen, wenn Sie neue Ideen kreieren wollen.

3. Viele Wege führen nach Rom

Wenn Resultat und Idee vorliegen, steht die Ausgestaltung des dritten Kernpunkts, der ein Konzept entstehen lässt, auf dem Programm. Wie ist der Weg, wie kommen Sie dahin, wo Sie hin wollen? Welche Struktur, welches Aktionsprogramm, welche Formen und Inhalte können Sie dem Kunden anbieten? Welche strategischen Schritte sind zu gehen, auf welchen Milestones, auf welchen Zeitachsen kommen Sie dem Ziel näher? Welche Mengengerüste sind zu beteiligen, damit das Projekt gelingen kann? Welche Prozesse sind beim Kunden neu zu gestalten, welche externen und internen Kräfte sind zu mobilisieren? Das sind Fragen, deren Beantwortung Wegweiser markieren.

Bauen Sie bei der Darstellung des Weges zum Ziel die Erklärungsschritte der einzelnen Wegstrecken und Meilensteine für den Kunden vor allem so auf, dass er sich darin wiederfinden und zurechtfinden kann. Deshalb sollten Sie Eckpunkte installieren, die durch logisch kausale Gedankenketten verbunden sind, sodass nachvollziehbar ist, wie die Wegstrecke aussehen könnte. Verschaffen Sie dem Kunden Klarsicht, wie er von Punkt A, an dem er steht, sicher auch zu Punkt B, und von dort aus ohne die Gefahr, sich zu verlaufen, zu Punkt C kommen kann.

Der Kunde braucht ein Gespür für die Machbarkeit der Umsetzung, Koordinaten, die Ihm aufzeigen, dass das Ganze funktionieren kann. Der Kunde muss erkennen können, dass das, was angeboten wird, auf positiver Erfahrung, nicht auf theoretischen Hypothesen basiert. Liefern Sie keine Interpretationen aus dem Nichts, obwohl das immerhin noch etwas wäre.

4. Transfer und Change

Das Leiter-Modell in Abbildung 15 zeigt auf der linken Seite die logische Kette unterschiedlicher Handlungsebenen. Im strategischen Bereich bieten Sie für Ihre Lösung eine Begründung aus dem Markt heraus an. Positionieren Sie Ihre Lösung mit allen Vorteilen für den Kunden, verdeutlichen Sie ihm, im Rahmen welcher Erfolgsfaktoren Lösungen für ihn sinnvoll sein können. Die nächsttiefere Ebene diskutiert die möglichen Ressourcen, die zum Einsatz kommen können, und setzt – last, but not least – auf der Basis der einfließenden Ressourcen Prozesse entsprechend um.

Dieser logische Aspekt ist für den Kunden vor allem dann wirkungsvoll, wenn für ihn damit auch sichergestellt wird, dass er die Lösung, die Sie anbieten, in seinem Unternehmen auch umgesetzt bekommt. Das Wort Umsetzung ist eines der Schlüsselworte für den Kunden. Was nützen die besten Ideen, wenn Sie nicht in Form fruchtbarer Ergebnisse abgeerntet werden können?

Auf der rechten Seite der Leiter sehen Sie den Aspekt Dringlichkeit. Wie dringlich ist es für den Kunden, Ihre Lösung auch in der Praxis einzusetzen? Passt Ihre Lösung zur Vision des Kunden? Lässt sie sich in die Mission, in die Leitlinien, integrieren, kann Sie sich dem Rahmen des Kunden anpassen? Können Sie Ihren Kunden darin unterstützen, dass er, wenn er Ihre Lösung kauft, auch das Commitment der Anwender bekommt, und wie könnte das vor sich gehen? Unterstützen Sie Ihren Kunden so, dass er sicher sein kann, dass Ihre Lösung etwa zum Thema Motivation und Begeisterung auch in der Praxis Anwendung findet.

Wesentlich ist es, dass Sie die Umfeldbedingungen, in die Ihre Lösung eingestellt ist, auch erfassen können. Nur wenn Ihre Lösung erfolgreich implementiert werden kann, besteht die Aussicht, damit auch Folgeaufträge zu generieren.

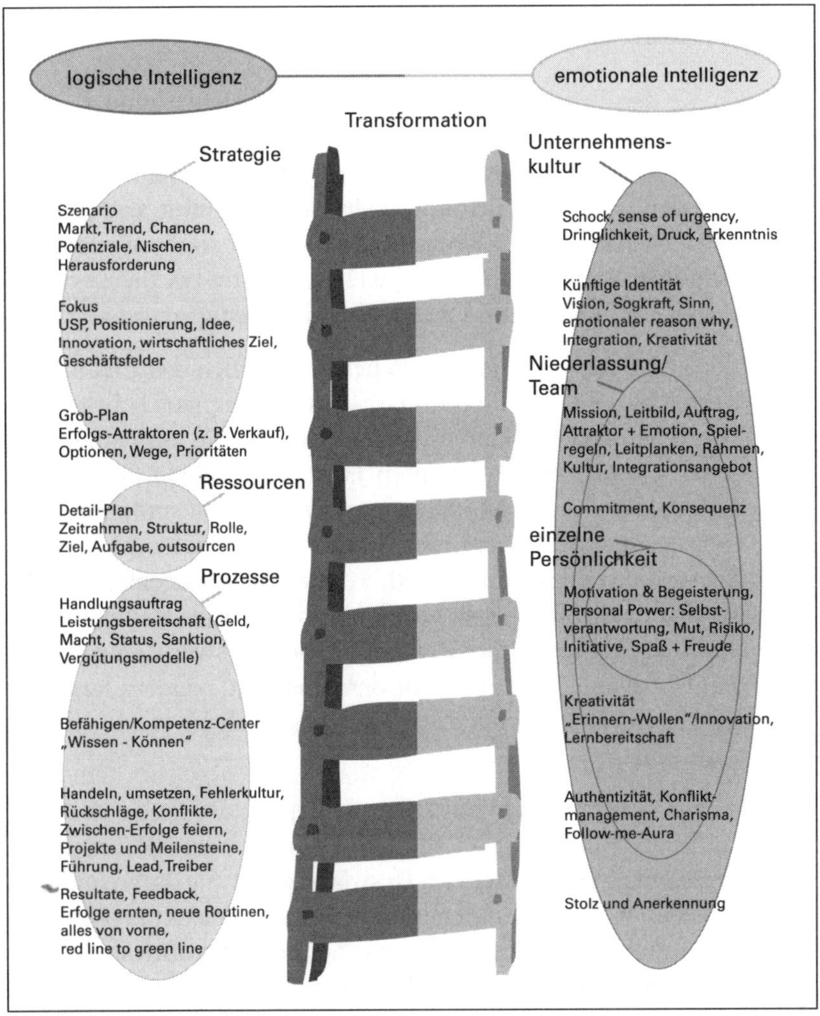

Abbildung 15: Leiter

Legen Sie in Ihrem Konzept Wert darauf, über diesen Punkt nachzudenken, und arbeiten Sie aus, wie der Kunde bei Ihrem Lösungsvorschlag den Faktor Mensch bewegen kann. Bieten Sie auch dafür Lösungen an, auch wenn dies möglicherweise über Ihre eigentliche Aufgabe hinausgeht. Schließlich sind es Menschen, die für die Umsetzung der Ideen und Konzepte zuständig sind.

5. Umsetzung im Projekt

Nehmen Sie den Rotstift zur Hand. Dann brauchen Sie noch einen grünen – und nun können Sie gemeinsam mit dem Kunden eine Übersicht erarbeiten, die auf dem Weg zur Projektumsetzung exakt zeigt, wie es um den bisherigen Erfolg bestellt ist. Der Kunde will ja nicht nur wissen, wie sich das Ziel quantitativ darstellt, sondern auch, wie die qualitativen Kennzahlen lauten, welche Schritte bis zur Zielerfüllung noch vor ihm liegen und welche bereits erledigt wurden.

Wenn Sie zum Beispiel im Januar stehen und wollen das Ziel im Dezember erreicht haben, dann fixieren Sie die wichtigsten Schritte, zumindest pro Monat. Markieren und formulieren Sie am Anfang des Jahres oder – noch besser – im alten Jahr die einzelnen Phasen und Aufgaben, die über zwölf Monate verteilt zu erfüllen sind, und zwar so, dass sie messbar sind. Wenn der Kunde zum Beispiel sechs Projekte identifiziert, die erfolgskritisch sind, können Sie diese entsprechend als mess- und nachvollziehbare Größen notieren. Eine Verteilung der Arbeitsschritte auf bestimmte Zeiträume, beispielsweise eine Fokussierung auf Monate, dient nicht nur der Übersicht, sondern kann auf dem Weg zur Erarbeitung der Ziele auch besser als Herausforderung gelesen werden.

Erstellen Sie diese Übersicht auf DIN-A0-Papier, so dass Sie es an der Wand aufhängen und alle Beteiligten besser erkennen können, wie sich die Gesamtsituation darstellt. Und dann gehen Sie daran und führen gemeinsam mit dem Kunden und den für das Projekt verantwortlichen Mitarbeitern eine „gnadenlose" Qualitätskontrolle durch. Und dazu benötigen Sie besagte Farbstifte, den grünen und roten. Wenn eine Aufgabe erledigt wurde, gibt es ein Grün, ist sie noch nicht erledigt, kommt der Rotstift ins Spiel. Akzeptieren Sie keine anderen Farben, entweder rot oder grün, kein gelb. Wenn der für die Umsetzung Verantwortliche sagt, es ist fast oder morgen oder so gut wie fertig, bleibt die Ampel rot. Entweder ist ein Schritt auf dem Weg vollständig erfüllt oder eben nicht. Erlauben Sie keine Grautöne dazwischen.

Projekt 1–7	IST	Januar	Februar	März	April	Mai	Juni	Juli	August	September	Oktober	November	Dezember	ZIEL
Projektinhalt 1 + Verantwortlich(e)		qualitativ	qualitativ	qualitativ	qualitativ	qualitativ	qualitativ	qualitativ	qualitativ	qualitativ	qualitativ	qualitativ	qualitativ	
		quantitativ	quantitativ	quantitativ	quantitativ	quantitativ	quantitativ	quantitativ	quantitativ	quantitativ	quantitativ	quantitativ	quantitativ	
Projektinhalt 2 + Verantwortlich(e)		qualitativ	qualitativ	qualitativ	qualitativ	qualitativ	qualitativ	qualitativ	qualitativ	qualitativ	qualitativ	qualitativ	qualitativ	
		quantitativ	quantitativ	quantitativ	quantitativ	quantitativ	quantitativ	quantitativ	quantitativ	quantitativ	quantitativ	quantitativ	quantitativ	
Projektinhalt 3 + Verantwortlich(e)		qualitativ	qualitativ	qualitativ	qualitativ	qualitativ	qualitativ	qualitativ	qualitativ	qualitativ	qualitativ	qualitativ	qualitativ	
		quantitativ	quantitativ	quantitativ	quantitativ	quantitativ	quantitativ	quantitativ	quantitativ	quantitativ	quantitativ	quantitativ	quantitativ	
Projektinhalt 4 + Verantwortlich(e)		qualitativ	qualitativ	qualitativ	qualitativ	qualitativ	qualitativ	qualitativ	qualitativ	qualitativ	qualitativ	qualitativ	qualitativ	
		quantitativ	quantitativ	quantitativ	quantitativ	quantitativ	quantitativ	quantitativ	quantitativ	quantitativ	quantitativ	quantitativ	quantitativ	
Projektinhalt 5 + Verantwortlich(e)		qualitativ	qualitativ	qualitativ	qualitativ	qualitativ	qualitativ	qualitativ	qualitativ	qualitativ	qualitativ	qualitativ	qualitativ	
		quantitativ	quantitativ	quantitativ	quantitativ	quantitativ	quantitativ	quantitativ	quantitativ	quantitativ	quantitativ	quantitativ	quantitativ	
Projektinhalt 6 + Verantwortlich(e)		qualitativ	qualitativ	qualitativ	qualitativ	qualitativ	qualitativ	qualitativ	qualitativ	qualitativ	qualitativ	qualitativ	qualitativ	
		quantitativ	quantitativ	quantitativ	quantitativ	quantitativ	quantitativ	quantitativ	quantitativ	quantitativ	quantitativ	quantitativ	quantitativ	
Projektinhalt 7 + Verantwortlich(e)		qualitativ	qualitativ	qualitativ	qualitativ	qualitativ	qualitativ	qualitativ	qualitativ	qualitativ	qualitativ	qualitativ	qualitativ	
		quantitativ	quantitativ	quantitativ	quantitativ	quantitativ	quantitativ	quantitativ	quantitativ	quantitativ	quantitativ	quantitativ	quantitativ	
TOTAL														

Abbildung 16: Red to green line

Checken Sie an jedem Monatsanfang, ob die Dinge, die für den Monat vereinbart waren, in diesem Zeitraum auch geleistet wurden. Wenn diese Schritte nun untereinander betrachtet werden, und die Farbe Rot prägt das Bild, dann weiß jeder, was zu tun ist, und dann gilt es nicht, die Ziele zu vergessen, sondern das Tempo und die Intensität entsprechend zu steigern und für mehr Grün zu sorgen. Unterschätzen Sie nicht die Dramatisierung der aktuellen Kennziffern durch die öffentliche Zurschaustellung dieser Ergebnisse. Das hat eine ganz andere Wirkung, als wenn ausschließlich intern darüber diskutiert werden würde.

6. Speed, Tempo, Geschwindigkeit

Speed ist in der Konzeptionsphase der Denkansatz, der die Treibkraft eines Projekts untersucht. Entwickeln Sie Vorschläge dafür, welche Möglichkeiten es gibt, ein Projekt zu beschleunigen, ohne dass es seine Wirksamkeit einbüßt. Werfen Sie dafür auch einen Blick zurück. Was hat in einem Unternehmen in der Vergangenheit dazu geführt, dass Lösungen, die eingesetzt wurden, nicht die gewünschten Ergebnisse brachten? Was waren es für Hindernisse, die den Erfolg sabotierten? Und wie könnten solche Barrieren ausgeräumt oder umgestaltet werden, damit sie in Zukunft diese Störwirkung nicht mehr haben? Welche Ideen können dazu führen, alte Fehler nicht zu wiederholen und Prozesse effektiver zu gestalten? Schnelle, messbare Umsetzungen und kurzfristige Ergebnisverbesserungen sind die Ziele, die mit Speed-Ideen verfolgt werden.

7. Platz lassen für Änderungen: Improvisation

Es ist gut, wenn Sie wissen, wie Sie etwas tun wollen, und wenn Sie eine klare Vorstellung davon haben, wie ein Programm durchgeführt werden kann. Zum Wissen gehört aber auch Flexibilität. Kennen Sie auch die Hintertüren, die Sie bei Bedarf schnell öffnen können, um Prozesse voranzutreiben und eventuell ganz andere Aspekte in den

Vordergrund zu rücken – ohne Vorbereitung, quasi aus dem Stegreif, und das mit ganz anderen, ganz einfachen Mitteln?

Kleben Sie nicht zu verbissen an Fahrplänen, an Wegweisern, die auf dem Papier stehen. Denken Sie frühzeitig darüber nach, was zu tun ist, wenn es gilt, Umwege zu gehen. All Ihre noch so tollen Ideen und Vorschläge haben stets zwei Merkmale, durch die sie erheblich relativiert werden. Wenn man sich für eine Strategie entscheidet, ist die Entscheidung immer mit einer gewissen Unvollkommenheit und Ungewissheit behaftet. Man hat nie eine vollständige Informationsbasis. Sie können sich einen Zeitrahmen setzen, indem Sie Informationen sammeln, und auf der Grundlage dieses Fundus können Sie dann Entscheidungen treffen. Ewig am Fundus herumzubasteln führt aber nicht weiter. Zudem gilt: Noch bevor ein Konzept verabschiedet ist, hat schon sein Alterungsprozess begonnen. Die Zeit schreitet weiter, neuere Umfeldbedingungen kommen hinzu und verändern Projekt- und Lösungsansätze. Mit jedem Tag, mit jeder Minute wird ein Konzept älter, zum viel zitierten Schnee von gestern.

Wenn Sie diese Umstände berücksichtigen, wird klar, wie wichtig Improvisation ist, wie sehr es erforderlich ist, improvisieren zu können. Verabschieden Sie sich von festgefahrenen Vorstellungen. Verankern Sie von Anfang an flexible Systeme in Ihrem Konzept.

8. Optionen bieten Wahlfreiheiten

Legen Sie Wert darauf, dem Kunden mehr anbieten zu können als nur eine Lösung. Schaffen Sie ihm Wahlmöglichkeiten, eröffnen Sie ihm Freiräume. Die meisten Menschen empfinden es als Vorteil, wählen zu können. Sie wollen etwas nicht genau so, sondern schätzen die Möglichkeit, anders vorzugehen, nach rechts oder links abweichen zu können, ohne vom Weg abzukommen.

Bieten Sie dem Kunden eine mittlere und eine große Lösung an, arbeiten Sie für ihn einen anstrengenden und einen weniger komplexen Weg aus, offerieren Sie ihm verschiedene Ansatzmöglichkeiten und Lösungsanreize, die zum Ziel führen können. Denken Sie dabei auch an das berühmte Sahnehäubchen. Fügen Sie Ihrem Konzept etwas hinzu, womit der Kunde nicht rechnet, was ihn verblüfft. Und bieten Sie stets ein bisschen mehr, als der Kunde erwartet, und zwar etwas, das für ihn einen Mehrwert hat.

9. Widerstände einbauen

Rechnen Sie niemals damit, dass all Ihre Vorschläge ein offenes Gehör finden und dankbar angenommen werden. Im Gegenteil: Sie dürfen davon ausgehen, dass es gegen die Neuerungen, die Ihr Projekt für ein Unternehmen mit sich bringt, Widerstände gibt und dass sie viele eher stören als dass sie vielen lieb sind. Mag sein, dass es Lösungen in einem anderen Bereich des Unternehmens gab, die nicht gegriffen haben, oder ähnliche Lösungen von anderen Anbietern zu enttäuschenden Ergebnissen führten. Oder es bestehen Vorbehalte gegen die Firma, für die Sie arbeiten.

Es können viele Widerstände herrschen, die zwar in der Regel Störfeuer erzeugen, aber nicht automatisch auch ein Hindernis bei der Umsetzung Ihrer Lösung bilden müssen. Entwickeln Sie aus Widerständen Erfolgsmöglichkeiten, nutzen Sie Einwände als Verkaufschancen, statt über sie zu lamentieren. Konzentrieren Sie sich auf die Wahrnehmung von Widerständen. Nehmen Sie sie zur Kenntnis, und versuchen Sie herauszufinden, welche Ursachen sie haben. Hinter vielen Einwänden steckt eine gute Absicht, die Sie unter Umständen Gewinn bringend in das Konzept einfließen lassen können.

10. Wettbewerbssituationen nutzen

Verschaffen Sie sich in der Phase der Konzepterstellung Informationen über die Wettbewerbssituation. Wer sind die Wettbewerber, was bieten sie an? Welche Ideen und Lösungsmöglichkeiten werden beim Kunden diskutiert, welche könnten in Frage kommen? Besorgen Sie sich auch eine Benchmark zu Ihrer Lösungsqualität, denn Sie können davon ausgehen, dass auch andere gute Spieler auf dem Markt anbieten. Messen Sie Ihre eigenen Konzepte an denen der besten Mitbewerber, statt sich damit zu trösten, weit besser zu sein als das Mittelmaß. Sie wollen nicht im Mittelfeld herumgurken, sondern an die Spitze gelangen.

11. Nur Mut!

Falls die Lösungen, die sie anbieten, die Ideen, die Sie im Unternehmen des Kunden realisieren möchten, nur von solcher Natur sind, dass sie von der Strömung getragen werden, dann sollten Sie sie über Bord werfen. Sich treiben lassen reicht nicht aus, das Schwimmen gehört dazu. Einem Kunden neue Möglichkeiten anzubieten kann auch heißen, Salz in Wunden zu streuen. Beweisen Sie Mut! Sie sind mit Ihren Vorschlägen auch der Garant für eine intensive Mobilmachung in einem Unternehmen. Arbeiten Sie mit einem gewissen Grad an Ungehorsam, haben Sie keine Angst davor, auch Themenkomplexe anzustoßen, die möglicherweise aufgrund der politischen Struktur des Unternehmens bislang verschwiegen wurden.

Manche Grade von Bitterkeit kann kein Süßstoff kaschieren. Da führt nur das Ausspucken zum Wohlbefinden. Sie helfen dem Kunden dabei, wenn Sie – gerade als Externer – Qualitätslösungen anbieten. Auf keinen Fall sollten Sie einem toten Pferd auch noch Hafer geben, nach dem Motto: Hauptsache Auftrag. Beschäftigen Sie sich intensiv mit den Widerständen, und bringen Sie ein Problem nicht gerade auf den kleinsten, simpelsten Nenner. Entwickeln Sie vielmehr eine diabolische Lust daran, die Punkte anzusprechen, die Ihrer Meinung nach eine Rolle spielen. Aktivieren Sie den in der Regel untrainierten Durchschnittsverstand. Mutige Lösungen sind gefragt, scheuen Sie sich nicht davor, Konflikte zu thematisieren oder Grenzen zu überschreiten. Um trockenen Fußes das Ufer zu erreichen, braucht es Führungsqualitäten.

Kapitel 7

Nur ein präzises **Angebot** ist ein hochgradiges Akquisitions-Instrument

1. Alles auf einer Seite: Die Management Summary
2. Zu kurz, zu lang – der richtige Umfang
3. Stringente Struktur
4. Das attraktive Titelblatt
5. Der Leitfaden durch das Angebot
6. Visuelle Bilder – Ihre Idee für Ihre Kunden ankern
7. Logik und Stringenz
8. Key-Worte
9. Power-Worte
10. Das Booklet – die kleine Schwester des Angebots
11. Last, but not least: Special, Back-up

BEISPIEL

Es war an einem Mittwoch um sechs Uhr abends, als einer unserer Partner und ein Kollege beiläufig erwähnten, dass für den nächsten Dienstag um neun Uhr morgens eine wichtige Präsentation bei einem Kunden terminiert war. Die Diagnose war bereits seit zwei bis drei Wochen erstellt, aber wegen anderer dringender Projekte hatten wir die Ergebnisse noch nicht ausgewertet.

Wir waren terminlich für die nächsten Tage so stark ausgelastet, dass für eine solide Vorbereitung der Präsentation keine Zeit mehr blieb. Was nun passierte, ist zwar verständlich, aber dennoch unter allen Umständen zu unterlassen. Schnell wurde ein Mitarbeiter in der zweiten Linie angewiesen, er möge doch die Diagnose lesen und sechs, sieben, acht andere ähnliche Angebote nehmen, um sie zusammenzufassen. Er solle natürlich auch darauf achten, überall den Namen des Kunden zu ändern, weil das ja unangenehm auffallen könnte. Wir verabredeten uns für den folgenden Sonntagnachmittag, um dabei das Angebot dann noch einmal gründlich abzusprechen. Zum Glück stießen wir auf zu viele Ungereimtheiten. Wir änderten unseren Plan und lösten das Problem schließlich, indem wir ganz einfach den Termin verschoben. Hätten wir weitergemacht und unser ursprüngliches Vorhaben durchgezogen, hätten wir mit Sicherheit eine Pleite erlebt. Ein solches Vorgehen ist vor dem Kunden kaum zu verbergen, zum Beispiel weil die Sprache teilweise nicht übereinstimmt und Textbrüche auftauchen oder weil Flüchtigkeitsfehler (Nennung falscher Namen oder Bezeichnungen etc.) gemacht werden. Angebote nach einer solchen Strickmethode herzustellen, ist genau der Stil, der ins Leere geht. Zu Recht.

Angebote sind Verkaufsinstrumente, die in höchster Qualität zu erstellen sind. Nicht immer werden Sie das Glück haben, dass Sie im Briefing-Gespräch, in den Diagnosen oder in der späteren Präsentation die Hauptentscheidungsträger ausreichend lange und intensiv genug persönlich von Ihrer Idee, von der Qualität Ihrer Arbeit, von Ihrem Einsatz etc. überzeugen können. Ergo werden sich diese Kernentscheidungsträger dieses Angebot in aller Ruhe oder auch flüchtig ansehen und ihre Schlüsse daraus ziehen.

Ins Zentrum der Betrachtung rückt nun das leere Papier bzw. die leere Dokumentenseite Ihres Textprogramms. Dort entsteht das Angebot. Und zwar das schriftlich ausformulierte Angebot für den Kunden. Es fasst das Konzept in geeignete Worte. Ein Angebot ist Energie im Wortzustand, eine höllische Inspirationsmaschine für den Kunden, ein sich selbst verkaufendes Akquisitionswerkzeug. Das Angebot hat die Funktion, als Überzeugungsinstrument auch dann zu wirken, wenn der Akquisiteur nicht da ist. Es liegt dem Kunden ständig vor, er kann sich damit wann und wie er will befassen. Das Angebot können Entscheidungsträger sehen, die vielleicht nicht genau in das Projekt eingeweiht worden sind oder erst bei der Präsentation damit konfrontiert werden. Folgen Sie bei der Ausarbeitung klaren Kriterien, die vom Leitsatz geprägt sind: Einen Experten erkennt man auch an seiner glänzenden Expertise.

1. Alles auf einer Seite: Die Management Summary

Den Anfang dieses „Werks“ bildet die Summary, eine Zusammenfassung des vorgesehenen Projekts, die auf eine Seite beschränkt sein sollte. Hierdurch gewährleisten Sie, dass sich der Leser schnell informieren und seine Prioritäten rasch herausfiltern kann.

Die Summary beinhaltet drei wesentliche Aspekte: Sie enthält Informationen zum Hintergrund des Projekts, insbesondere Angaben darüber, wodurch dieses Angebot initiiert wurde. Das Ziel des Projekts wird klar benannt, und in kurzen Zügen wird schon auf dieser ersten Seite der Weg zur Realisierung dieses Ziels dargelegt. Man sollte sich dabei klarer Worte und kurzer, knapper Sätze bedienen und viele Absätze machen. Durch diese markante Strukturierung wird die inhaltliche Prägnanz des Textes auch optisch deutlich.

2. Zu kurz, zu lang – der richtige Umfang

Beschränken Sie sich bei der inhaltlichen Darstellung auf maximal 20 bis 30 Seiten. Daran könnte sich ein Anhang von 10 bis 20 Seiten anschließen. Die Schmerzgrenze des gesamten Angebots wird spätestens bei 50 Seiten erreicht. Diese reichen vollkommen aus, um einen Projektverlauf schlüssig darzulegen.

Einem Angebot eine Form zu geben, schließt ein, es entsprechend zu begrenzen, das heißt abzugrenzen. Abzuraten ist von einem Schlag mit der Verbalkeule, der etwa so aussehen könnte, dass das Angebot von blitzgescheiten Theorien, die dem Kunden kaum zum Durchblick verhelfen, nur so strotzt. Mit dem Angebot wollen Sie den Kunden nicht beeindrucken, geschweige denn einschüchtern, sondern ihm Kostproben Ihres brillanten Verstandes liefern und vor allem von ihm verstanden werden. Verstehen ist gekoppelt an eine akzeptable Textmenge, die vom Kunden noch aufgenommen und verarbeitet werden kann. Überzeugen statt Überfordern, lautet die Losung.

3. Stringente Struktur

Struktur und Aufbau eines gut formulierten Angebots gehorchen einem inhaltlichen Prinzip, das Transparenz und Schlüssigkeit für den Kunden gewährleistet. Der Aufbau fungiert quasi als Leim, der Ihr Angebot, Ihren konzeptionellen Vorschlag zur Erreichung von Zielen, zusammenhält. Die Angebotsgestaltung ist ein subtiler Prozess, und es ist auch Aufgabe der Struktur, für brauchbare Resultate zu sorgen.

Nachdem einleitend kurz und präzise, am besten auf einer Seite, maximal auf zweien, einige Angaben zum Hintergrund, zum Zustandekommen des Angebots dargelegt werden, wird der erste Hauptaspekt eines Angebots formuliert: die präzise Beschreibung der Zielsetzung. Das Gesamtziel und das Ziel, das Ihr Angebot umsetzen soll, sind an dieser Stelle präzise zu benennen. Anschließend folgt die Darlegung der Idee, die das Leitmotiv dieses Angebots bildet. Sie sollten dann ausführlich und detailliert den Weg zum Resultat beschreiben. Das Angebot wird abgerundet durch einen passenden Anhang oder durch ein Special.

Leitfaden

0. Hintergrund	1. Ziel	2. Idee	3. Weg	Specials

Hintergrund
1. Ziel
2. Idee
3. Weg

Special-Informationen

Abbildung 17: Indexangebot

Die in Abbildung 17 aufgeführten Strukturmerkmale, die in jedem Angebot enthalten sein sollten, können mit Sternchen versehen werden. Die 1 markiert das Ziel, die Idee hat eine 2 und der Weg eine 3. So wird unterstrichen, dass das Angebot aus drei Hauptpunkten besteht, die vom Leser leicht aufzunehmen sind. Die Zahlenfolge ist natürlich beliebig, aber das Ziel mit der 1 zu kennzeichnen, empfiehlt sich schon allein deswegen, weil man auf diese Weise nochmals die hohe Priorität dieses Punktes unterstreicht. Wenn Sie eine Reise mit dem Zug machen wollen, wissen Sie ja schließlich auch, wohin die Reise gehen soll, bevor Sie die Abfahrtzeit des Zuges in Erfahrung bringen.

4. Das attraktive Titelblatt

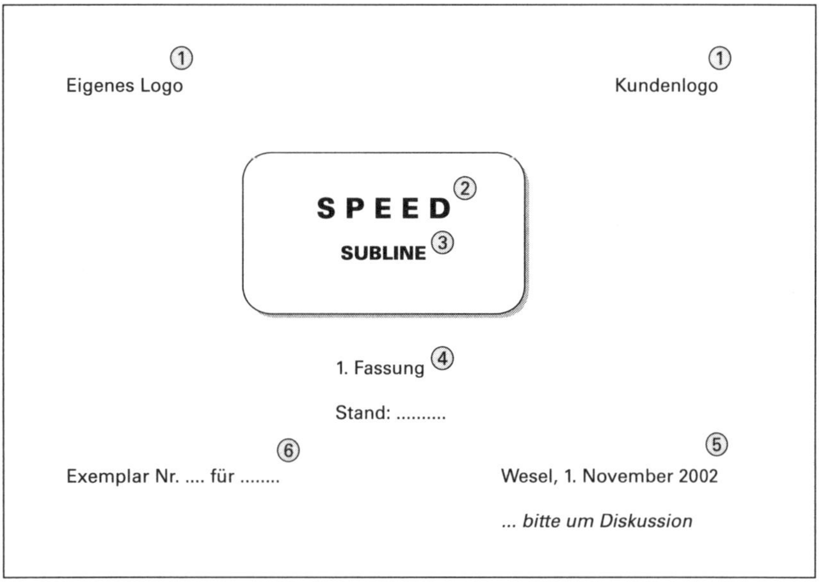

Abbildung 18: Titel

Werfen Sie kurz einen Blick auf die einzelnen Aspekte des in Schaubild 18 dargestellten Vorschlags für ein Titelbild.

zu 1. Bilden Sie das Logo des Kunden rechts und Ihr eigenes Logo links auf gleicher Höhe ab. Damit signalisieren Sie ein partnerschaftliches Verhältnis zum Kunden. Verwenden Sie aber nicht das Originallogo des Kunden. Denn es kann sein, dass der Kunde aus bestimmten firmeninternen Gründen nicht möchte, dass andere, die er noch nicht oder noch nicht ausreichend kennt, mit seinem Logo operieren. So unterlaufen Sie auch die Gefahr, rechtliche Grenzen zu überschreiten

zu 2. Entwickeln Sie einen attraktiven Namen (z. B. Speed) als Leit-Headline, einen merkfähigen Namen, der sich gut einprägt und das, was angeboten wird, das Projekt, die Lösung, das Produkt, im Kern trifft und ausdrückt. Lassen Sie sich bei der Wahl des Projektnamens von den Attributen Attraktivität und Merkfähigkeit leiten.

zu 3. Entwerfen Sie auch eine Subline, die genau erklärt, worum es geht, und die das Vorhaben in wenigen Worten exakt und verständlich ausdrückt.

zu 4. Darunter könnte dann die erste Fassung Ihres Konzepts beginnen. Falls es sich um die erste Fassung handelt, sollten Sie dies auf dem Titelblatt vermerken. Damit betonen Sie, dass dieses Angebot optionalen Charakter hat, dass es der erste Entwurf ist, der gegebenenfalls zu verbessern ist.

zu 5. Vermerken Sie auf der Titelseite auch den Ort und das Datum, an dem Sie das Angebot erstellt haben. Beschränken Sie sich darauf, den Ort zu nennen, an dem der Kunde seinen Firmensitz hat. Auf die Nennung des Ortes, an dem Ihr Unternehmen seinen Firmensitz hat, sollten Sie verzichten, da es sich um das Konzept für den Kunden handelt.

zu 6. Geben Sie im Angebot immer auch eine Exemplarnummer an und erwähnen Sie dahinter den Namen des Kunden. So personifizieren Sie das Angebot, betonen, dass es auf den Bedarf des Kunden zugeschnitten ist und bauen schon dadurch Vertrauen auf.

Noch etwas: Heben Sie sich Farbigkeit für Ihr persönliches Auftreten auf. Beim Angebot sollten Sie sich mit wenigen Farben begnügen. Gestalten Sie das Angebot farblich in schwarzweiß, lockern Sie es durch höchstens eine Farbe auf. Ein zu buntes Titelangebot löst falsche Assoziationen aus. Denn bunt heißt auch: schrill, beliebig, nicht so genau, Effekt haschend. Farbliche Knalleffekte fördern keinesfalls die Klarheit eines Textes – und eben die sollte das wesentliche Charakteristikum eines Angebots sein.

Zuletzt sei etwas erwähnt, was Ihnen vielleicht unwichtig erscheint: Es hat sich als Vorteil erwiesen, das Angebot mit einer Spiralbindung zu versehen. So können Blätter einfach kurzfristig geändert werden. Wer sich damit schon beschäftigt hat und Zettelsalat nicht so gern mag, weiß, wovon die Rede ist.

5. Der Leitfaden durch das Angebot

Zu einem gut gestalteten Angebot gehört auch ein „idiotensicherer" Leitfaden. Das Inhaltsverzeichnis sollte als Leiste auf jeder Seite wieder auftauchen, sodass der Leser exakt weiß, wo er sich gerade befindet. Dieser optische Marker begleitet den Leser durch das ganze Konzept. Der Pfeil macht dies noch einmal deutlich. Er hilft dem Leser dabei, schneller aufzufassen, was oben vermerkt ist.

6. Visuelle Bilder – Ihre Idee für Ihre Kunden ankern

Bei einem ausformulierten Angebot gilt neben der inhaltlichen Transparenz das Primat der Optik. Es ist vorteilhaft, wenn Sie Kernideen visualisieren.

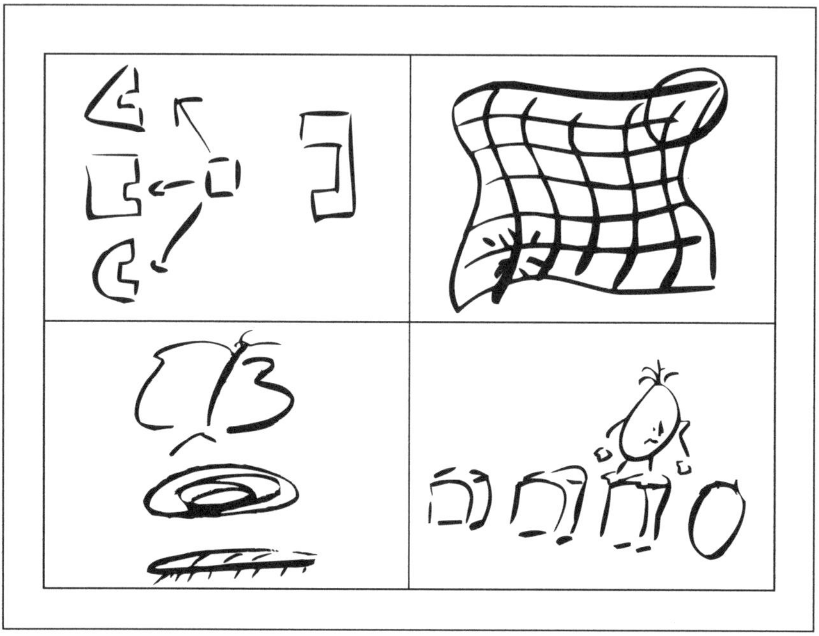

Abbildung 19: Visualisierung von Kernideen

Nehmen Sie aber Abstand von den üblichen Tabellenzeichnungen, die auch jeder Wettbewerber abliefern könnte, weil er die gleichen EDV-Programme benutzt. Das hätte zur Folge, dass eines aussieht wie das andere. Zeichnen Sie lieber eigene Bilder, eigene Skizzen, die zwar eine gewisse Unvollkommenheit aufweisen, dafür aber die Qualität haben, etwas Eigenes darzustellen und eine gewisse Originalität zum Ausdruck zu bringen. Bilder bzw. Zeichnungen, die nicht nach Schema F oder gemäß Druckvorlage Y daherkommen, vermitteln Spannung und laden den Leser und Betrachter ein, genauer hinzuschauen.

7. Logik und Stringenz

Die qualitätsbildenden Eigenschaften Logik und Stringenz sind stete Begleiter eines Angebots. Leser müssen klar erfassen können, dass in dem ganzen Konzept von Anfang bis Ende ein Fluss ist. Das ist mit Sicherheit zum einen daran zu erkennen, dass der Text eine klare Gliederung aufweist, die die oben beschriebenen Aspekte Hintergrund, Ziel, Idee und Weg zum Resultat enthält. Außerdem wird auch dadurch, dass sich oben auf jeder Seite eine Leitlinie, nämlich die Leitleiste befindet, der Eindruck vermittelt, dass das Ganze aus einem Guss sei. Aber viel wichtiger noch als äußere Merkmale ist, dass der logische Aufbau eines Angebots einer klaren Linie folgt.

Dem zuwider läuft die allzu oft anzutreffende Praxis, dass „Spezialisten“ Angebote aus vielen anderen Angeboten, die schon Aufträge produziert haben, zusammenstellen und zusammenstückeln in der Hoffnung, dass das alles schon irgendwie zusammenpassen und das Geschreibsel schon irgendwie hinhauen und seinen Zweck erfüllen wird.

Ein solches Vorgehen wird einem aufmerksamen Leser auffallen. Dass es sich bei einem Angebot um ein Plagiat handelt, dass sich dabei niemand ausreichend den Kopf zerbrochen hat, sondern Zeitnot Vater des Werks war, lässt sich nicht verbergen. Um solche Angebote als Machwerke zu identifizieren, bedarf es keines geübten Journalistenblicks. Sehr häufig lassen sich dort Redewendungen finden, die die Sache nicht treffen, oder es tauchen Textbrüche auf. Oder es wird vergessen, alte Kundennamen auszutauschen, weil fertige Angebote keiner genauen Prüfung mehr unterzogen werden.

Logik und Stringenz im Aufbau und in der Darstellung übernehmen auch eine nicht unwesentliche Brückenfunktion, die der Kunde gern zur Beurteilung eines Lösungsangebots nutzt. Aus der Logik und Stringenz einer Darstellung bzw. eines Vortrags kann der Kunde auf die Klarheit desjenigen schließen, mit dem er geschäftlich zu tun hat. Wenn der Kunde in Ihren Äußerungen einer wohltuenden Klarheit begegnet, wird er zu Recht annehmen, dass Sie diese Eigenschaft später bei der Erfüllung des Angebots ebenfalls einsetzen. So etwas schafft Vertrauen.

8. Key-Worte

Key-Worte sind die Formulierungen, die der Kunde selbst irgendwann einmal wortwörtlich zur Beschreibung seiner Situation und seiner Ziele gewählt hat. Im Kapitel Briefing wurde darauf hingewiesen, dass es zweckmäßig ist, sich Key-Worte des Kunden besonders zu merken. Wer darauf achtet, kann bei der Erstellung eines Angebots die Worte des Kunden für die Gestaltung fruchtbar machen. Dabei ist anzuraten, den Kunden deutlich darauf hinzuweisen, dass es sich bei den Key-Worten in erster Linie um sinngemäße Zitate handelt. Dann entgehen Sie dem Vorwurf, den Kunden falsch zitiert oder falsch verstanden zu haben.

Dieser Einwand könnte zu Recht erfolgen, denn es kann ja sein, dass Sie die Worte des Kunden nicht exakt aufgefasst haben. Wenn Sie betonen, dass es sich bei den von Ihnen gewählten Formulierungen lediglich um die sinngemäße Wiedergabe von Aussagen des Kunden handelt, wird der Kunde seine Bereitschaft, sich diesbezüglich konstruktiv mit Ihnen auseinanderzusetzen, nicht verweigern. Im Gegenteil: Er wird sich an seine eigenen Worte im weiteren Verlauf des Projekts gern wieder erinnern und Ihre den Prozess begleitende und fördernde Funktion wertschätzen.

9. Power-Worte

Vermeiden Sie es, den Kunden durch negative Ausdrücke allzu sehr mit Problemstellungen zu behelligen. Es klingt nicht nur besser, von „Lösungen“ und „Möglichkeiten“ statt von „Problemen“ und „Notwendigkeiten“ zu reden, sondern es versetzt den Kunden auch in eine ganz andere Bereitschaft, Ihrer Argumentation zu folgen. Positive Ausdrücke transportieren für den Leser eine andere Wirkkraft und können als Motivationsanreize dienen. Reichern Sie Ihre Texte deshalb mit einer Fülle positiver Begriffe an, und zwar vor allem mit solchen, die kraftvoll sind, die Horizonte aufreißen, die Sprengkraft besitzen. Der Kunde wird mit einer ausdrucksstarken Sprache positive Assoziationen verbinden und geneigt sein, Ihre Lösungsansätze zu unterstützen.

Einige Begriffe, die eine positive Stimmung vermitteln, sind in der Übersicht auf der folgenden Seite aufgeführt. Bedienen Sie sich aus dem großen Fundus, den die deutsche Sprache in dieser Hinsicht bereitstellt.

Unterlassen Sie es, Worte zu oft zu wiederholen. Wenn Sie zur Darstellung von Sachverhalten stets die gleichen Begriffe verwenden, könnte dies einen negativen Eindruck machen. Der Kunde könnte auf einen geringen Sprachschatz schließen und daraus mangelnde Fähigkeit zur Umsetzung des Projekts, fehlende Kreativität und Ähnliches ableiten. Umgekehrt können negative Assoziationen durch die entsprechende Sprache verhindert werden.

Vermeiden Sie auch Formulierungen, die den Kunden dazu auffordern, etwas Bestimmtes zu tun, beispielsweise „Dann muss dies und das geschehen“, „Hier kann man nur einen Weg gehen“, „Zwingend erforderlich ist es ...“. Auf diese Weise geben Sie Ihren Kunden das Gefühl, dass sie zu allen Zeiten des Projekts Wahlfreiheit genießen.

Übersicht: Power-Worte	
Aktion	die planvolle Tat etwas in Aktion bringen aktiv Aktivität
Akzent	Akzente setzen etwas besonders betonen, herausarbeiten, gliedern
Ansehen	Autorität, Hochachtung, Wertschätzung, Reputation, Popularität, Prestige
Aufgabe	Berufung, Sendung, Mission, Funktion, Pflicht, Problem
Auszeichnung	Ehrung, Orden, Verdienst, Prämie, Beförderung
Begeisterung	Enthusiasmus, Elan, Schwung, Leidenschaft, Beifall, Fanatismus
Beruf	Berufung, Lebensaufgabe, Job, Gelderwerb, Gewerbe, Handwerk, Metier, Profession Die größte Angelegenheit des Menschen ist zu wissen, wie er seine Stelle in der Schöpfung gehörig erfülle. *(Kant)*
Bewegung	Antrieb, Dynamik, Impuls, Emotion, Trend, Strömung
Deutlichkeit	Klarheit eindeutig, einfach, verständlich, kurz, prägnant
effektiv	tatsächlich, wirkungsvoll, kraftvoll Ergebnis
Entwicklung	Evolution, Verwandlung, Pubertät, Trend
Erfolg	Wirkung, Effekt, Ergebnis, Resultat, Karriere, Senkrechtstarter, Triumph
Faszination	stark beeindruckend, verzaubernd, bezaubernd Motivation, Begeisterung
fair	gerecht, unparteiisch, ehrlich, anständig, ehrenhaft
Fokus	Brennpunkt, Blickpunkt

Auch Worte wie „ich“, „mich“, „mein“, „unser“, also Formulierungen, die den Ich-Standpunkt betonen, gehören nicht in ein Angebot. Gönnen Sie sich einmal den Spaß und sehen Sie Angebote daraufhin durch, wie häufig dort Formulierungen vorkommen wie „ich empfehle“, „wir meinen“, „unser Haus“. Solche Wendungen gehören zur gängigen Praxis, haben im Marketing aber eigentlich nichts zu suchen. Eine effiziente Marketingsprache blendet Worte und Wendungen, in denen sich der Anbieter auf sich selbst bezieht, aus. Sie zeugt vielmehr von einer stark nach außen gerichteten Wahrnehmung und betont den Kundennutzen.

Arbeiten Sie im Angebot mit Begriffen, die in den passenden Kundenkreisen gern verwendet werden und in der Kultur des jeweiligen Kunden fest verankert sind. So machen Sie beispielsweise im IT-Bereich Pluspunkte, wenn Sie bestimmte Sachverhalte mithilfe von Anglizismen formulieren. In einem klassischen Beamten-Unternehmen könnte eine solche Sprache Widerspruch provozieren und Sie in eine Ecke stellen, in die Sie gar nicht hingehören. Stellen Sie damit Ihre Wortwahl auf die Welt des Kunden ab, damit dieser das Gefühl bekommt, dass man die gleiche Sprache spricht und sich dementsprechend verstanden fühlt.

10. Das Booklet – die kleine Schwester des Angebots

Nicht immer verlangt der Kunde ein ausführlich formuliertes Angebot. Sehr häufig ist ein Angebot in Briefform zu gestalten, bei dem sechs bis zehn Seiten genügen. Auch für solche Textmaße gelten die oben genannten Grundsätze. Das Ganze ist nur kürzer zu formulieren, orientiert sich aber ebenfalls an den Merkmalen eines gut gestalteten Angebots.

Wer normalerweise Angebote für 200 000 Euro konzipiert, sollte, falls der Kunde es wünscht, auch dazu in der Lage sein, ein Angebot für 10 000 Euro entsprechend zu gestalten. In einem solchen Fall mit einem Angebot aufzuwarten, das eigentlich für ein völlig anderes Budget ausgelegt ist, könnte Verwirrung stiften. Demonstrieren Sie lieber Ihre Flexibilität, in dem Sie ihr Angebotskonzept an dem zu erwartenden Input statt an Ihrer gängigen Praxis ausrichten.

11. Last, but not least: Special, Back-up

Im Anhang sollten Sie Details erörtern, auf die Sie im Hauptteil nicht näher eingehen möchten, die aber auch nicht unerwähnt bleiben sollen. Sie könnten dort beispielsweise aufführen, welche Ihrer Mitarbeiter Sie für die spätere Präsentation des Angebots eingeplant haben. Es spielt keine Rolle, ob diejenigen, die dort genannt werden, später auch tatsächlich diese Funktion ausüben werden. Dennoch können Sie Ihre diesbezüglichen Vorschläge in einem Anhang darlegen. So unterstreichen Sie die Ernsthaftigkeit Ihrer Anliegen und Ihre Bereitschaft, diese weiter zu verfolgen.

Kapitel 8

Wie Sie sich professionell **in Szene setzen**

1. Zum Start: Die kompetente Rollenverteilung
2. Merkfähig vorstellen
3. Agenda, Navigator, Key Issue
4. Intelligenter Medien-Mix und eloquente Sprache
5. Nochmal spiegeln, spiegeln, spiegeln ...
6. Dosierte Provokation – Direktheit schafft Klarheit
7. Bild – Story – Emotion
8. Jetzt das Wissen des Briefings nutzen
9. Was tun, wenn Sie im „stuck" stecken?
10. „Bridgen" Sie das Erwartete
11. „Dry run"
12. Personalzahl, Raum und Sitz – ein paar Kniffe
13. Einwände integrieren und Zustimmung erzeugen
14. Das Wichtigste im Kopf verankern
15. In die Zukunft denken
16. Showeffekte – Präsentationen lebendig gestalten
17. Ressource, Power und positive Einstimmung

BEISPIEL

Team/BBDO, eine Düsseldorfer Werbeagentur, sollte vor langer Zeit eine Präsentation für Camel Filters vorbereiten. Damals war es chic, mit Dias zu präsentieren, also die Zuhörer auf ein Diakarussell zu setzen und sie mit vielen Bildchen zu unterhalten. Auf einer Seite sollten nicht mehr als drei, vier griffige Sätze stehen, die dann mit ausführlichen Kampagne-Beispieln gewürzt sein sollten. Wir hatten achtzig Dias vorbereitet und waren absolut überzeugt davon, dass jedes Einzelne entscheidend und total wichtig wäre.

Bei Team/BBDO gab es einen Präsentationsraum, der die wunderbare Eigenschaft hatte, mit einem kleinen Knopfdruck völlig abgedunkelt werden zu können. Von der Kundenseite nahmen acht, aus der Werbeagentur fünf Personen an diesem Ereignis teil. Bildchen auf Bildchen flackerte über die Leinwand, die Zeit verging. Anhaltendes Hüsteln und deutlich vernehmbares Geklapper interpretierten wir als unangebrachte Störungen unserer hervorragenden Qualitätspräsentation.

Nach dem 45. Diabild wurde diese Präsentation abgebrochen, weil plötzlich unser Etatdirektor kurz auf den besagten Button drückte. Als die Jalousien wieder emporschnellten und wir in die erhellten Gesichter blickten, war klar, dass irgendetwas nicht stimmte.

1. Zum Start: Die kompetente Rollenverteilung

Am Anfang einer Präsentation steht eine klare Absprache über die Rollenverteilung. Weisen Sie vorher zumindest zwei Rollen ganz klar und eindeutig zu, und zwar die des Präsentierenden und die des Moderators.

Der Präsentierende ist der Hauptdarsteller. Er steht vorne und hat sich vornehmlich darauf zu konzentrieren, dass die Aspekte und Argumente, die vorgetragen werden, gut rüberkommen und die vorgesehene Wirkung beim Kunden erzielen. Für das Feuer, den Esprit, die Leidenschaft, aber auch für die Glaubwürdigkeit und fachliche Überzeugungskraft einer Präsentation ist der Präsentierende verantwortlich. In der Regel trifft es einen, aber wenn es inhaltlich sinnvoll ist, können auch zwei oder mehr Mitarbeiter präsentieren.

Die zweite Schlüsselrolle, die für den Erfolg einer Präsentation hauptverantwortlich ist, übernimmt der Moderator. Er ist der emotionale Seismograph der Gruppe, der Stimmungen aufzuspüren hat und den Präsentierenden durch den Ablauf begleitet. Er legt fest, wer wann spricht, und achtet darauf, dass alle Teilnehmer zu Wort kommen können. Zu Beginn der Präsentation nimmt der Moderator Einfluss auf die Agenda. Wenn Sie nicht vom Kunden selbst vorgestellt wird, übernimmt er diese Aufgabe. Der Moderator ist auch der Bremser, der bei emotionalen Unstimmigkeiten intellektuelle Stops, Pausen einlegt. Wenn der Präsentierende in das Präsentationsminus verfällt und – Raum und Zeit vergessend – sich vornehmlich an seiner eigenen Darstellung erfreut, wird ein geschickter Moderator diesen Akt der Selbstvergessenheit unauffällig unterbrechen. Er wird von nur negativ wirkenden Showeinlagen des Präsentierenden ablenken, die Diskussion auf eine substanzielle Ebene bringen und die Aufmerksamkeit der Kunden gut fokussiert dorthin lenken, wo sie hingehört.

Der Moderator ist auch der Gegenkönig. Er hat die Funktion, dem König Paroli zu bieten. Letzterer ist auf Kundenseite die Person auf der obersten Hierarchiestufe, also in der Regel der Vorstand oder der Geschäftsführer. Beim Erblicken des Königs ist es nicht angesagt zu verstummen wie ein Frosch, der einen Storch sieht. Darauf können Sie mit dem Moderator reagieren, der auf jeder Selbstdarstellungsebene von Kundenseite her locker mitspielen kann, der sich auch in der Welt der Rituale von „Leitwölfen“ verlässlich bewegen kann.

Auch beim Bedienen technischer Geräte kann man böse Überraschungen erleben. Deshalb ist es ratsam, immer einen Spezialisten für technische Fragen mit im Gepäck zu haben oder einen multitalentierten Mitarbeiter, der auch bei solch speziellen Problemen nicht versagt. Dieser geniale Praktiker hat dafür zu sorgen, dass Ihre eigenen Geräte funktionsfähig sind, dass kein Verlängerungskabel fehlt usw.

Unvergessen ist jene verteufelte Präsentation, die prädestiniert war, ein Erfolg zu werden, wenn nicht ... Alles war auf exzellenten Folien vermerkt. Alles war bestens geplant, ein hervorragender Medien-Mix sollte zum Besten gegeben werden. Und dann tauchte aus dem Hinterhalt dieser Overhead-Projektor des Kunden auf, der verschmutzt und veraltet war und sich als echtes Teufelszeug erwies. Mit den Folien war rasch auch das ganze Konzept im Eimer, und das Ergebnis fiel entsprechend bescheiden aus. Schließen Sie deshalb aus, dass Ihnen die Technik einen Streich spielt, und sorgen Sie dafür, dass die Rolle des technischen Spezialisten in Ihrem Unternehmen mit hinreichend Man- und Hirnpower besetzt und der Technik-Experte bei der Präsentation auch anwesend ist.

Als flankierende Maßnahme bei der Rollenverteilung hat es sich auch bewährt, dass das Team vor einer Moderation funktionstüchtige Handzeichen abstimmt. So können Kollegen, die dem Präsentierenden ebenfalls zusehen, gezielt auf ihn einwirken und ihm in Sekundenbruchteilen signalisieren, dass er das gerade behandelte Thema noch besser und intensiver ausführen sollte. Andere Handzeichen könnten dafür stehen, dass der Präsentierende unterbrechen, auf Hinweise aus dem Zuhörerkreis eingehen oder die Präsentation ganz abbrechen sollte. Man könnte auf diese Weise ferner vereinbaren, dass moderiert werden soll oder einem Kollegen die Chance eingeräumt wird, zu einem Punkt etwas Zusätzliches zu sagen.

2. Merkfähig vorstellen

Eine Vorstellungsrunde eröffnet die Präsentation. Wenn die Vorstellungen der Einzelnen sich nicht allzu banal gestalten, sondern auch eine gewisse Attraktivität und einen Ereignischarakter haben, können Sie schon zu Beginn der Präsentation für eine lockere Stimmung sorgen. Erzählen die Beteiligten bei der Vorstellung nur kurz und sachlich, was sie bislang alles geleistet haben, ist das vor allem langweilig. Und das, was Sie zum Besten geben, wird ohnehin meistens rasch vergessen. Bauen Sie deshalb immer etwas Unterhaltendes und Charmantes mit in die Vorstellung ein.

Gut geeignet sind Erzählungen über Auslandsaufenthalte, die Sie absolviert haben, und kurze Erläuterungen darüber, wie Sie auf die Idee kamen, zum Beispiel in Japan, den USA oder irgendwo sonst auf der Welt zu arbeiten. Wählen Sie auf jeden Fall etwas aus, was den Kunden interessieren könnte und was man sich gut merken kann. Merkfähige Äußerungen sollten aber nicht aufgesetzt sein, sondern zu demjenigen passen, der sie vorträgt. Außerdem sollten sie nicht frei erfunden sein.

Es ist auch nicht albern, Namenkärtchen aufzustellen, die jeder sehen kann, oder sich zumindest die Visitenkarten des Kunden auf ein Blatt Papier zu legen bzw. aufzuschreiben, welche Personen welche Namen tragen. Dann können Sie nämlich richtig angesprochen werden. Wenn Sie einen Namen akustisch nicht verstanden haben, können Sie ruhig nachfragen. Auf diese Weise demonstriert man den Kunden, dass man ihnen Respekt entgegenbringt.

Achten Sie in dieser Phase des Vorstellens auch darauf, dass alle Mitarbeiter, die beim Kunden auftreten, am Anfang etwas sagen und dass jeder kurz zu Wort kommt. Es ist peinlich, wenn ein Akquisiteur zunächst nichts sagt, die Hände lange in den Schoß legt, nur zuhört und nach einer Zeit, vielleicht erst nach einer Stunde, dann urplötzlich eine Bemerkung fallen lässt. Das hört sich dann so an, als würde in einem leeren Raum ein Stein auf den Boden fallen. Und zwar darum, weil die Stimm-Modulation des bisherigen Schweigers noch nicht bekannt war und dann wie eine Störung wirkt. Folgen Sie deshalb dem Prinzip, dass jeder etwas sagt. So sind den Anwesenden alle Stimmen im Raum vertraut, wenn es richtig losgeht.

Der Small Talk qualifiziert sich nicht über den Inhalt, sondern einfach, indem er ausgeübt wird. Die Stimme des anderen wird gehört, Wellenlänge zu den Stimmen kann eingenommen, die anderen können besser eingeordnet werden.

3. Agenda, Navigator, Key Issue

Mit einer Agenda wird die Präsentation strukturiert. Dort ist aufgeführt, welcher Zeitrahmen geplant ist und welche wichtigen Fragen es vorab zu klären gibt: Was ist das Endziel und wie lautet das tagesaktuelle Ziel? Welche aufeinander folgenden Schritte sind vorgesehen? Auch das Thema einer Präsentation oder Diskussion ist dort genannt.

Formal erscheint die Agenda am besten im Din-A3-Format. Auf diesem Format sind während der Präsentation der Ablauf und das jeweilig aktuelle Thema von allen Teilnehmern leicht zu erfassen, und jeder kann kontrollieren, ob die Zeit auch eingehalten wird. Verantwortlich für die Agenda ist der Moderator oder der Kunde, sofern er es wünscht.

Agenda

❑ Zeitrahmen 10:00 Uhr
❑
❑
❑ Ihre Fragen vorab
❑ Ziel gesamt + Ziel heute
❑ Präsentation: Thema
❑ Diskussion
❑ Konsequenzen
❑ Nächste Schritte

Abbildung 20: Agenda

Lassen Sie uns nun die Themen Hauptdarsteller und Lampenfieber näher betrachten. Vor allem am Anfang einer Präsentation ist der Präsentierende häufig gestresst. Die Small-Talk-Phase, die Vorgespräche sind beendet, alle haben sich hingesetzt, und irgendwann kommt der Augenblick, und es ist klar, dass nun die Jalousie runtergeht und Sie dran sind. Und in dem Moment, in dem es richtig losgeht, richten sowohl die Kunden als auch die eigenen Kollegen, die vielleicht schon immer dachten, dass sie ohnehin eigentlich besser präsentieren können als Sie, die Aufmerksamkeit auf Sie. Zig Augenpaare gucken Sie an. Kein Wunder, dass dann die Anspannung steigt. Bleiben Sie dennoch ruhig. Und dafür, die Ruhe zu bewahren, gibt es Mittel.

Legen Sie nicht direkt mit der Präsentation los. Es ist besser, wenn Sie den Teilnehmern erst einmal einen Programmüberblick vermitteln. Für diese ebenso beruhigende wie die Transparenz steigernde Maßnahme ist der Navigator das geeignete Instrument. Er schafft nämlich Orientierung.

Der Navigator ist eine Zusammenfassung des gesamten Vortrags. Sie können dort das ganze Prozedere in Einzelschritte unterteilt abbilden. Oben stehen die Hauptpunkte, darunter die darauf folgenden Detailpunkte und unter diesen die dazugehörigen Unterpunkte. Am besten verwenden Sie für den Navigator ein Din-A0-Chart, auf alle Fälle aber ein anderes Medium als für die Agenda, und wenn Sie in der Regel mit einem Overhead-Projektor oder einem Beamer arbeiten, sollten Sie den Navigator auch anders gestalten. Der Navigator, dieses große Poster, das den Ablauf der Präsentation skizziert, führt als Kompass durch das Programm. Auf einem Flipchart ist er permanent zu sehen, sodass die Zuhörer stets die Orientierung haben.

Den Navigator können Sie auch für die Moderation nutzen. Sie können den Kunden an der Programmgestaltung teilhaben lassen, ihn zum Beispiel fragen, ob einzelne Punkte vertieft werden sollen. Der Kunde kann dann antworten, sodass die Präsentation mit einem Gespräch mit dem Kunden beginnt.

Der Navigator hilft auch den Zuhörern, die nach einer Schlafphase ihre Blicke wieder aufrichten. Rasch lässt sich mithilfe dieses Steuerungselementes ermitteln, welche Punkte man verpasst hat, was aktuell verhandelt wird und wie lange die Veranstaltung noch dauert. Zuhörer, die zu spät kommen, können Sie mit dem Navigator schnell auf den aktuellen Stand bringen, indem Sie kurz sagen, welche Aspekte bereits abgehandelt wurden und welcher Punkt als nächster folgt.

Präsentieren Sie Ihre Kernaussagen zusätzlich noch einmal auf einem Blatt Papier, das Sie verteilen und das alle Teilnehmer mit nach Hause nehmen können. Darauf steht exakt, worum es geht, was der springende Punkt ist, welchen Nutzen der Kunde erwarten darf. Kombinieren Sie diese Kernaussagen mit einem merkfähigen Bild, das sich gut einprägen und in Verbindung mit der Key Issue bringen lässt. Der Kunde kann sich dadurch dann auch gut an den Hauptgedanken erinnern. Versehen Sie das Blatt mit einer Grafik, einer geeigneten Tabelle oder – was besonders empfehlenswert ist – mit einem interessant gestalteten Bild, das den Nutzen des Kunden optisch verdeutlicht.

4. Intelligenter Medien-Mix und eloquente Sprache

Agenda, Navigator, Key Issue: Sie steigern die Wirkung all dieser effektiven Werkzeuge einer Präsentation, wenn Sie sie den Zuhörern mithilfe unterschiedlicher Medien präsentieren. Arbeiten Sie mit Dias, Folien, mit dem Laptop, aber auch mit einfachen Zetteln und Papieren, die Sie den Zuhörern auf den Tisch legen können. Schicken Sie ein modernes Medien-Team an den Start. Mit einem gut gewählten Medien-Mix können Sie die Spannung und Transparenz Ihrer Darbietung auf einfache Weise erhöhen.

Leider sieht die Praxis oft anders aus. Wenn Sie sich bei Ihrer Präsentation nur eines einzigen Mediums bedienen, ist es egal, ob Sie ausschließlich mit einem Beamer oder mit einem Overheadprojektor arbeiten. In beiden Fällen folgt ein Paper nach dem anderen. Auch zwei Beamer verbessern den Gesamteindruck einer solchen Darbietung nicht. Viele plädieren eher für die Verwendung eines Overheadprojektors als eines Beamers, weil sie dann besser mit ihren Charts zaubern können. Es ist müßig, darüber nachzudenken. Auf jeden Fall gilt: Wenn Sie keine weiteren Medien einsetzen, verpufft die Wirkung.

Nichts gegen die Verwendung technischen Hilfsmittel. Achten Sie aber darauf, dass Sie bei Ihrer Präsentation die Obergrenze von zehn bis 15 Folien oder Beamerfotos nicht überschreiten. Ansonsten wären Sie mit Ihren Darbietungen in der Filmbranche besser aufgehoben. Wenn Sie für eine Präsentation 100 Folien entwickelt haben, ist das nicht schlimm. Schlimm ist es nur, wenn Sie in einem abgedunkelten Raum dann auch alle nacheinander zeigen.

Glänzen Sie bei Ihrem Vortrag mit Ihrer Eloquenz. Verwenden Sie sehr viele positive Worte, die bei den Zuhörern entsprechende Assoziationen auslösen. Solche aktiven Power-Worte können Sie auswendig lernen, wie Sie früher in der Schule Vokabeln gepaukt haben. Sie kennen sicherlich Redner, die sehr eloquent sind und entsprechend gut „rüberkommen", die in der Lage sind, das Ohr und das Herz des Zuhörers anzusprechen und das Publikum zu begeistern.

Diese Gabe wurde den meisten Rednern nicht in die Wiege gelegt. Vielmehr haben sie an ihrer Eloquenz gearbeitet. Jeder kann seinen Sprachschatz ständig verbessern. Egal, wie umfangreich dieser bereits ist, ausbaufähig ist er allemal. So können Sie beispielsweise beim Lesen von guten Zeitschriften oder Tageszeitungen Worte oder Sätze, die Ihnen gefallen, notieren. Diese können Sie sammeln, vielleicht auf Karten schreiben und wie Vokabeln auswendig lernen. Das ist eine ebenso einfache wie effektive Methode.

Eloquenz ist nicht zu verwechseln mit pathetisch vorgetragenen Reden, die wie Weisheiten von Propheten daherkommen. Von hohlen Slogans bleibt hinterher bei den Zuhörern meist ohnehin nur ein bitterer Nachgeschmack übrig. Unterdrücken Sie auch das möglicherweise vorhandene Bedürfnis nach einer lückenlosen Performance zugunsten einer Diskussion. Sie wissen ja: Die Diskussion ist der Sieg der Wahrheit.

Es ist ja ganz toll, mit Worten um sich werfen zu können, aber wenn Sie sich dieser Kunst um ihrer selbst willen bedienen, begeben Sie sich in ein gefährliches Fahrwasser. Treten Sie nicht als Meister selbstinszenierter Katastrophen auf, und verfallen Sie nicht in ein Guru-Gehabe, das vor allem sich selbst verkauft und nicht mehr die Lösung, die Sie dem Kunden vorschlagen möchten.

5. Nochmal spiegeln, spiegeln, spiegeln ...

Beziehen Sie in eine Präsentation genügend Mitarbeiter Ihres eigenen Unternehmens mit ein. Weniger aus dem Grund, dass diese Fans den Beifall für Ihre brillante Präsentation anheizen können, sondern vielmehr deshalb, weil durch deren Einsatz unterschiedliche Strömungen, die von der Kundenseite ausstrahlen, aufgenommen werden können. Es ist von Vorteil, wenn Sie eine breit angelegte Kompetenz Ihrer Mannschaft zum Ausdruck bringen können. Dazu eignet sich das Spiegeln. Diese Methode wurde ausführlich im Kapitel „Briefing" erläutert.

In der Regel nehmen an einer Präsentation auf der Seite des Kunden mehrere Personen teil. Dabei handelt es sich in der Regel um unterschiedliche Mitarbeiter mit unterschiedlichen Temperamenten, Interessen, Verhaltensweisen und Tätigkeiten in unterschiedlichen Funktionszusammenhängen. Diesen unterschiedlichen Charakteren können Sie eher gerecht werden, wenn Sie Ihre Mannschaftsmitglieder so einsetzen, dass diese möglichst viele Verhaltensweisen der anderen Partei aufnehmen und integrieren können. So schaffen Sie bei einer Präsentation eine Atmosphäre, in der sich alle Zuhörer wohl und aufgehoben fühlen können. Bei eher introvertierten Mitarbeitern auf der Kundenseite gilt es dann beispielsweise, Augenkontakt zu suchen und zu halten, sodass diese sich ernst genommen fühlen. Auf lebhafte Zuhörer, die sich betont locker geben und auch einmal einen Witz einstreuen, können etwa Mitarbeiter reagieren, die ähnliche Talente haben und sich ähnlich verhalten.

Teams zu spiegeln zielt darauf ab, eine breite Akzeptanz zu schaffen. Deshalb geht die Identität der Gruppe vor die Zufriedenheit einzelner Zuhörer, auch wenn es sich dabei um einen Hauptentscheidungsträger handelt. Falls dieser eher in zurückgelehnter, ruhiger Haltung auftritt, während sich Mitstreiter eher lebhaft verhalten, ist es angeraten, dass einige Ihrer Teammitglieder diese Verhaltensweisen spiegeln und ebenfalls sehr lebendig agieren.

Dass alle sich zurückhalten, still dasitzen, nur weil der Hauptentscheidungsträger ein ruhiger Geselle und ein stoischer Patriarch ist, wäre kontraproduktiv. Die anderen Teammitglieder auf Kundenseite würden sich in einer solchen Atmosphäre überhaupt nicht aufgehoben fühlen. Sie hätten vielmehr den Eindruck, dass Sie sich vor dem Chef ducken. Es reicht völlig aus, wenn einer Ihrer Mitglieder die Verhaltensweise des Hauptentscheidungsträgers entsprechend spiegelt.

Dass sich Ihre Mannschaft komplett dem Verhalten des Hauptentscheidungsträger anpasst, wird auch dieser kaum begrüßen. Auch der Kunde hat ein Interesse daran zu erleben, dass Ihr Team eine breite Struktur und ebenso unterschiedliche Neigungen aufweist wie seine eigene Mannschaft. Dies kann ihn bestärken, darauf zu vertrauen, dass seine Mannschaft mit einer anderen, die ähnliche Merkmale aufweist, gut zusammenarbeiten wird.

6. Dosierte Provokation – Direktheit schafft Klarheit

Kunden erwarten, dass Sie eine Meinung haben, zu der Sie stehen und die Sie offen vertreten können. Das ist eine Erwartungshaltung, die Kunden auch gegenüber Ihren Lösungsansätzen einnehmen. Natürlich ist es angebracht, Kunden gegenüber mit Respekt aufzutreten. Dies bedeutet aber keineswegs, dass Sie mit Ihrer Meinung hinter dem Berg halten und Differenzen totschweigen, um ja die Auftragserteilung nicht zu gefährden. Aus Angst vor dem Vorstand oder dem Entscheidungsträger zu schweigen führt ins Leere. Statt sich beim Kunden klein zu machen und einzuschleimen, können Sie sich, wenn Sie gute Argumente haben und benennen können, auch gegen feststehende Meinungen des Kunden wenden.

Halten Sie sich mit Statements, die für den Kunden möglicherweise unbequem sind, nicht zurück, wenn diese der Sache dienen. Sagen Sie dem Kunden mutig, offen und direkt das, was in der Organisation des Kunden gern unter den Teppich gekehrt wird. Wenn solche Sachverhalte von außen in einer angemessen Form angesprochen werden, kann auf diese Weise eine Brücke gebaut werden. Solch offenes Auftreten wird eher Ausdruck Ihrer Kompetenz denn als Zeichen von Anmaßung begriffen.

Achten Sie dabei aber auf die Form. Nimmt Direktheit übertriebene Ausmaße an, wirkt sie wie eine stechende Biene. Hat die einmal gestochen, bringt sie keinen Honig mehr mit nach Hause. Sie haben dem Kunden die Wahrheit gesagt, aber er war dafür nicht offen. In einem solchen Fall geht er Ihnen möglicherweise für alle Zeiten verloren. Sie wissen ja: Es stolpern mehr Menschen über ihre Zunge als über ihre Füße.

Den Kunden durch Direktheit zu stützen, statt ihn zu verprellen, funktioniert dann in Ihrem Sinne, wenn Sie die Denkstrukturen des Kunden berücksichtigen. Sie verraten sehr leicht, ob und inwieweit Sie bei Ihrem Gegenüber mit Bemerkungen offene Türen finden, ob dieser mit Ihren Einwänden auch umgehen kann, eine Antenne dafür hat, Widerspruch zulässt. Die Denkstrukturen Ihres Kunden weisen Ihnen auch den Weg zu der Welt, in der Ihr Kunde gedanklich lebt. Und sie offenbaren Ihnen, wie Sie diese Welt betreten können, ohne ihm zu nahe zu treten und ihn in die Defensive zu zwingen.

7. Bild – Story – Emotion

Bilder sehen, Storys hören und Emotionen empfinden. Bewegen Sie sich bei einer Präsentation im Spannungsfeld dieser drei Sinneseindrücke, die bei Menschen unterschiedlich angesprochen werden können und die bei verschiedenen Menschen unterschiedlich intensiv wirken.

Menschen nehmen Informationen in unterschiedlichem Maße über diese drei Sinneskanäle auf. Da gibt es den visuellen Typen, der, nachdem Sie mit ihm gesprochen haben, nun „klarer zu sehen" glaubt, oder den auditiven, der sich von Ihren Vorschlägen „angesprochen" fühlt, und den kinästhesischen Beobachter, dem Sie, wenn Sie wirkungsvoll vorgegangen sind, einen Sachverhalt besser „begreifbar" machen konnten. Wenn Sie solche Formulierungen des öfteren von Kunden hören, können Sie feststellen, mit welchem Typ Sie es gerade zu tun haben und auf welchem Sinneskanal Sie ihn optimal erreichen können.

Bild	Story
es sieht so aus	das hört sich so an
es scheint so	das klingt gut
sich ein Bild von etwas machen	Nachtigall, ick hör dir trapsen
den Durchblick haben	es stimmt
es liegt im Dunkeln	der Knackpunkt
es ist unklar	der Groschen ist gefallen
im Trüben fischen	das ist unstimmig
es ist vage und verschwommen	eine schrille Person
den Blick für etwas haben	im Einklang sein
aus dieser Perspektive gesehen	in Harmonie sein
es ist einleuchtend	Resonanz finden
etwas einsehen	Zwischentöne
es zeigt sich	eine feine Antenne haben
sich etwas vor Augen führen	etwas heraushören
etwas aufzeigen	der Tenor einer Sache
unter diesem Aspekt ...	sich etwas ins Gedächtnis rufen
bildlich gesprochen	eine Erinnerung wachrufen
es passt ins Bild	eine Grundstimmung
einen Bezugsrahmen erklären	was soll das heißen
die helle Freude	etwas gutheißen
es geht ihm ein Licht auf	der Tonfall
ein erleuchtender Gedanke	der Ton macht die Musik
ein erleuchteter Mensch	mein lieber Herr Gesangsverein
den Wald vor lauter Bäumen nicht sehen	einen kleinen Mann im Ohr haben
etwas einsehen	jemandem den Marsch blasen
den Zusammenhang sehen	jemandem aus dem Takt bringen
sich nicht im Stande sehen	das spricht einen an
es sieht düster aus	missgestimmt sein
Scharfblick	dissonant, unstimmig
Weitblick	Übereinstimmung erreichen
etwas durch die rosarote Brille	tonangebend sein
betrachten	einstimmig
kurzsichtiges Handeln	etwas abstimmen
die Grünen	etwas verstehen
die Roten	Ja und Amen sagen
die Schwarzen	eine konzertierte Aktion
etwas durchsehen	dazwischenfunken
ein Menschenbild	erzähl keine Opern
ein roter Faden	mach mal Sendepause
vorsichtig sein	auf Empfang sein
ein Weltbild	jemanden totreden
eine Nachbildung	taube Ohren haben
Einblick haben	nach Gehör fahren
das Licht der Öffentlichkeit	jemanden beruhigen
auf den ersten Blick	vom Donner gerührt
in Augenschein nehmen	sich etwas zu sagen haben
klar wie Kloßbrühe	nichtssagend
na klar	etwas bestimmen
ein schwaches Bild abgeben	das schreit zum Himmel

das pfeifen die Spatzen von den Dächern
jemandem einen Dämpfer aufsetzen
(In diesem Zusammenhang verwenden auditive Menschen bei ihren Erzählungen viele wörtliche Zitate – wie zum Beispiel ... und dann sagte er: „..."

Emotion

das Gefühl haben, dass
den Eindruck haben
gefühlsmäßig
etwas begreifen
etwas in den Griff bekommen
das ist nicht zu fassen
eine erdrückende Übermacht
eine beklemmende Situation
im Zusammenhang stehen mit
Fingerspitzengefühl haben
etwas abwägen
eine Liste durchgehen
etwas überstehen
schlaff sein, lasch sein
jemandem auf die Pelle rücken
das macht mir Bauchschmerzen
eine wacklige Angelegenheit
etwas steht an, steht bevor
das bringt mich aus dem Tritt
auf unsicherem Boden stehen
das erschüttert mich
das entzieht sich meinem Zugriff
eine unerträgliche Ungerechtigkeit
mit dem falschen Bein aufgestanden sein
mir ist eine Laus über die Leber gelaufen
sich ausdrücken
der Ausdruck
zugänglich sein
sich winden
eine haltlose Behauptung
auf etwas stehen
das ist hart
jemanden erpressen
es geht hoch her
das juckt mich nicht
ein gestandener Mann
das haut ich um
etwas Nachdruck verleihen
das erschüttert mich
das muss sich setzen
jemanden aufrütteln
es geht drunter und drüber
etwas ins Wanken bringen
eine Streicheleinheit
jemanden wachrütteln

Abbildung 22: Bilder, Storys und Emotionen

Tragen Sie in den Spalten unter den jeweiligen Stichworten zu den einzelnen Punkten Wörter und Formulierungen ein, die Ihnen spontan dazu einfallen. So können Sie sich selbst testen und feststellen, welchen Sinneskanal Sie gerade bevorzugt benutzen.

Weil diese Sinneskanäle bei Menschen unterschiedlich stark ausgeprägt sind, empfiehlt es sich, bei einer Präsentation alle drei Ebenen zu bedienen. So gewährleisten Sie, dass Sie alle Teilnehmer gleichermaßen erreichen und wach halten.

Es würde den Rahmen sprengen, vorher die bevorzugten Kanäle pro Kunden identifizieren zu wollen, und die Präsentation nach einer entsprechenden Gewichtung auszurichten. Verzichten Sie daher auf eine aufschlüsselnde Selektion, und bauen Sie in Ihren Vortrag genügend Bilder, Storys und Emotionen, also Elemente auf allen Sinneskanälen ein.

Sehen, hören, okay, aber fühlen? Damit ist gemeint, dass Sie den Zuhörenden die Möglichkeit geben, etwas in die Hand nehmen zu können, etwas, was sie als Verhandlungsgegenstand interpretieren, anfassen, anfühlen, mit den Händen greifen und auf diese Weise begreifen können.

8. Jetzt das Wissen des Briefings nutzen

Gestalten Sie Ihren Vortrag inhaltlich so, dass Sie die Informationen, die Sie in den Phasen Briefing und Diagnose zu den Themen Kaufstrategie, Denkstruktur und Widerstände gesammelt haben, entsprechend einbauen können. Reflektieren Sie auf die Inhalte, die Sie zu diesen Themen in den vorherigen Phasen herausgearbeitet haben. Sie können diese Informationen nun im Hinblick auf Ihre Lösung wirksam einsetzen.

Sparen Sie in Ihrem Vortrag Angaben zum Thema Preis keineswegs aus. Im Gegenteil: Es ist geschickt, wenn Sie dieses Thema in Ihrem Vortrag selbst ansprechen. Wenn der Kunde das Gefühl bekommt, dass Sie diesen Punkt bewusst aussparen, beginnt er in der Regel selbst zu reden. Vermeiden Sie jedoch in der Präsentation die Verwendung der Wörter „Preise“ und „Kosten“, weil diese Begriffe negative Assoziationen auslösen.

Diskutieren Sie beim Thema Preis verschiedene Optionen, zeigen Sie dem Kunden Spielräume auf. Stellen Sie diese auch optisch dar, denn sie sind ein wichtiger Teil des Angebots.

9. Was tun, wenn Sie im „stuck" stecken?

Was tun, wenn trotz aller brillanten Präsentationsinhalte und eingesetzter Formalien die Stimmung im Raum gegen null tendiert, wenn der Vortrag ins Stocken gerät und sich die Situation folgendermaßen darstellt: Die meisten Zuhörer sitzen gelangweilt da, einige starren an die Decke. Spätestens dann, wenn der erste anfängt, einen Brief zu schreiben, oder Sie jemanden dabei beobachten, wie er die Visitenkarte eines Akquisiteurs zerreißt (eine Situation, die man in der Tat erleben kann), können Sie davon ausgehen, dass etwas nicht stimmt, dass der Kunde nicht mehr folgt, weggerutscht ist, abgehängt wurde. Andere Hinweise darauf, dass die Präsentation den Bach hinunter geht, könnten zum Beispiel sein, dass Zuhörer anfangen, mit dem Handy zu spielen oder gar zu telefonieren beginnen, einige den Raum verlassen oder auf ihren Notizblättern herumkritzeln.

Meistens werden Sie spüren, wenn es so weit ist. Was also tun? Wenn Sie solche Anzeichen bemerken, ist es angeraten, dagegen vorzugehen, indem Sie den Vortrag unterbrechen. Dies fällt in den Aufgabenbereich des Moderators. Der Moderator kann in diesem Fall den Präsentierenden stoppen, wenn dieser den „stuck" nicht selbst schon vorgenommen hat. Dies geschieht am besten mit Wendungen wie: „Sollen wir einige Aspekte noch einmal auf den Punkt bringen?", „Gibt es Bemerkungen von Ihrer Seite zum bislang Gesagten?", oder: „Wünschen Sie irgendwo eine stärkere Verdeutlichung oder Gewichtung?"

Auch wenn der Kunde nicht den Weg gehen will, den der Akquisiteur in der Präsentation vorschlägt, hat dies Priorität und der vom Kunden vorgeschlagene Pfad ist zu diskutieren. Auch in solchen Situationen ist der Navigator hilfreich, denn alle können nachvollziehen, wann ein Punkt wiederholt oder einer ausgelassen wird. Auch wenn der Kunde bemerkt, dass der Vortrag an einem bestimmten Punkt am Thema vorbei geht, heißt es, schlagartig das Thema zu wechseln und zur Moderation überzugehen.

Wenn Sie wahrnehmen, dass irgendein Nullpunkt erreicht oder irgendein Wechsel vorzunehmen ist, sollen Sie auf die Störung entsprechend reagieren. Und zwar nach dem kommunikativen Dreisatz: erstens etwas wahrnehmen, zweitens von der rationalen auf die emotionale Beziehungsebene wechseln, und drittens die Störung mutig als Ich-Botschaft formulieren und den Kunden offen darauf ansprechen. Natürlich sollten Sie dies nicht mit Bemerkungen wie: „Sie bekommen wohl gerade etwas nicht mit" tun. Schildern Sie die Situation besser aus der Ich-Perspektive, sagen Sie offen, dass Sie selbst eine Störung wahrnehmen. Das kann der Kunde akzeptieren.

Wie „stuck" auch eingesetzt werden kann, haben wir hautnah erfahren dürfen: Einer der Kunden von Team/BBDO war zur damaligen Zeit Ellen Betrix. Thema der Präsentation war die Gestaltung eines neuen Verpackungsdesigns, und ca. zwanzig Personen saßen in drei Reihen um einen Tisch. Und wie es in Meetings hin und wieder vorkommt, herrschte außerordentliche Stille. Jeder am Tisch merkte, dass das Gespräch nicht von der Stelle kam und die Situation so richtig festgefahren war. Und in diesem Moment stieß der Etatdirektor aus Versehen eine Tasse Kaffee um. Der Kaffee ergoss sich über den Tisch und in Sekundenbruchteilen standen alle auf, es wurden Servietten zum Aufnehmen der Kaffeepfützen geholt, einer riss das Fenster auf, ein anderer verordnete fünf Minuten Pause. Als alle wieder an ihren Platz zurückgekehrt waren, hatte sich die Stimmung total gewandelt. Die Arbeit konnte nun mit neuem Elan fortgesetzt werden.

Klar ist, dass dieser Etatdirektor eines wusste: Wenn eine Situation festgefahren ist, gibt es Instrumente und Techniken, um aus diesem „stuck" herauszukommen. Lassen Sie aber beim nächsten Meeting Ihren Kaffee in der Tasse, und denken Sie sich selbst einige andere gute „Stuck-Killer-Rezepte" aus.

10. „Bridgen" Sie das Erwartete

Lassen Sie den Kunden das, was er inhaltlich von der Angebotserfüllung erwartet, während der Präsentation auf einer anderen parallelen Plattform analog erleben. So kann die Präsentation eine Brückenfunktion übernehmen, und der Kunde kann erlebte Situationen und Verhaltensweisen sowie wahrgenommene Kompetenzen gedanklich auf spätere Phasen der Zusammenarbeit, etwa auf die Umsetzung, übertragen.

Wenn zum Beispiel erwartet wird, dass in späteren Projektphasen im Team gearbeitet wird, dann ist es sinnvoll, dass die Akquisiteure in der Präsentation auch entsprechend auftreten, anstatt aufgrund fehlender Rollenabsprachen und unklarem Teamverhalten vorzuführen, wie Teams nicht arbeiten sollten.

Erwartet der Kunde beispielsweise, dass das Tagesgeschäft locker vonstatten geht, wird es durchaus akzeptiert, dass der Präsentierende sein Jackett auszieht und im Oberhemd präsentiert. Wenn im Hochsommer der Kunde die Ärmel seines Hemdes hochgekrempelt oder das Jackett abgestreift hat, können die Akquisiteure dieses Verhalten ebenfalls nachahmen. So könnte der Kunde darauf schließen, dass Sie sich aus festgefahrenen Verhaltensmustern herausbewegen können.

Wenn der Kunde erwartet, dass Ihre Lösung offen und direkt Probleme in seinem Haus benennt und diese auch aus der Welt schaffen kann, ist es ratsam, die dafür entscheidenden Sachverhalte auch ehrlich anzusprechen. Bauen Sie dann Direktheit auch entsprechend in Ihre Präsentation ein, und vertreten Sie bisweilen auch konträre Meinungen. Wenn der Kunde besondere Brillanz erwartet, sollten Sie entsprechend auf die Qualität Ihrer Charts achten.

11. „Dry run“

Stimmen Sie vor einer Präsentation den zeitlichen Rahmen für den Ablauf des Vortrags ab. Dafür ist eine Trockenübung eine gute Maßnahme. Gehen Sie vor der Veranstaltung in Ihrem Unternehmen das Prozedere mit Ihren Mitarbeitern durch. Proben Sie den Auftritt. Legen Sie auch fest, welche Mitarbeiter welche Rolle übernehmen. Wenn Sie solche Entscheidungen erst kurz vor der Präsentation, womöglich noch im Beisein des Kunden treffen, so erhöhen Sie zwar den Adrenalinausstoß und den Spannungsbogen Ihrer Mitarbeiter, mit Professionalität hat ein solches Vorgehen allerdings nichts zu tun.

Dasselbe gilt, wenn Sie kraft Ihres Mandats und Ihrer Position erst am Vorabend der Präsentation Ihre Akquisitionsmannschaft zusammentrommeln. Mal schnell spontan noch ein paar Akquisiteure dazu einladen, die irgendwoanders alles stehen und liegen lassen und mit dem Nachtzug anreisen müssen, um morgens frisch geduscht an der Präsentation teilnehmen zu können.

So können Sie zwar um sich herum eine Heldenaura entstehen lassen, nach dem Motto: „War das cool, wie das noch hingebogen wurde." Es ist sicher cool, ein bisschen damit zu spielen, was man alles von jetzt auf gleich beeinflussen kann, auch wenn woanders Projekte zusammenbrechen. Was soll's, wenn es geklappt hat, und die Präsentation trotz Improvisation gut bewältigt werden konnte. Glückwunsch! Es war Glück. Wer darauf stolz ist, ist kein Profi. Einem echten Profi passiert so etwas nicht, er provoziert den Kunden nicht, er weiß: Vorbereitung ist der Schlüssel zum Erfolg. Und Ausnahmen bestätigen nur die Regel.

12. Personenzahl, Raum und Sitz – ein paar Kniffe

Erkundigen Sie sich im Vorfeld einer Präsentation, in welcher Teamgrößenordnung der Kunde daran teilnehmen möchte. Signalisiert Ihnen der Kunde, dass er mit vier, fünf oder sechs Personen erscheinen wird, können Sie selbst eine gleich starke Mannschaft mit auf das Feld führen. Ob einer weniger oder mehr, das ist unerheblich. Es hinterlässt aber keinen guten Eindruck, wenn der Kunde nur mit ein, zwei Mitarbeitern erscheint und Sie selbst rücken mit sechs oder sieben Mitarbeitern an.

Falls sich die Situation dennoch so darstellt, können Sie darauf hinweisen, dass Sie mit Ihrer Teamstärke bereits bei der Präsentation mengenmäßig demonstrieren möchten, wie viel Manpower Sie für die Projektumsetzung vorgesehen haben. Da in der Regel selten die gleichen Akquisiteure an einer Präsentation teilnehmen können, die später auch für die Umsetzung zuständig sind, können Sie darauf hinweisen, dass der Kunde später bei der Umsetzung nicht zwingend die gleichen Gesichter, aber auf jeden Fall ähnlich qualifizierte Mitarbeiter zu Gesicht bekommen wird.

Wenn es in Ihrer Macht steht, sollten Sie die Raumordnung bei einer Präsentation so gestalten, dass der Kunde und seine Mitarbeiter den Präsentierenden gut sehen können. Platzieren Sie Ihre Vortragsseite deshalb an der Breitseite des Raumes statt auf der Längsseite. Aus diesem Grunde ist von einer Hufeisenanordnung eher abzuraten. Vorne haben einige zwar einen guten Blick, in den hinteren Reihen wächst jedoch die Bereitschaft, lieber ein Nickerchen zu machen statt zuzuhören, weil man nämlich ohnehin nichts sehen kann. Nur die vorne Sitzenden können eine positive emotionale Zone mit dem Vortragenden aufbauen, die meisten sitzen dafür aber zu weit weg. Einige haben Glück gehabt mit ihrem Sitzplatz, die anderen eben Pech. Diese Dinge haben mit Glück und Pech wenig zu tun, sondern vor allem mit einer effektiven Vorbereitung.

Vermeiden Sie es auch, zwei Fronten aufzubauen. Zweifrontenprinzipien nach dem Schema: Links sitzen die Akquisiteure und rechts die Mitarbeiter des Kunden. Verändern Sie vielmehr klassische Anordnungen, und verteilen Sie Ihre Mitarbeiter zwischen die Mitarbeiter des Kunden.

Klären Sie vorher ab, welche Möglichkeiten es gibt, eine gelungene Sitzordnung zu gestalten. Es kann ja sein, dass der Vorstand schon seit Jahren auf einem bestimmten Platz sitzt. Es wäre dann ungeschickt, dessen Platz anders zu besetzen.

Es lockert die Situation auch auf, wenn Sie es vortragstechnisch begründen können, dass die Teilnehmer auch einmal aufstehen können. So könnten Sie zum Beispiel durch einen Medien-Mix natürliche Unterbrechungen erzeugen. Wenn Sie zum Beispiel für das Key Issue eine kleinere Schriftgröße wählen, können Sie die Teilnehmer dazu veranlassen, aufzustehen, um sich die Skizze genauer anzusehen.

Diese Veränderungen bedürfen aber einer inhaltlichen Begründung, sonst stiften sie vor allem Unruhe. Sie können die Teilnehmer auch zu einer Gymnastikrunde auffordern, wenn Sie dafür eine inhaltliche Begründung liefern können, die über den Hinweis hinausgeht, dass es gesund ist, nicht ständig zu sitzen, und dass ein gesunder Geist in einem gesunden Körper steckt.

13. Einwände integrieren und Zustimmung erzeugen

Ein wirksames inhaltliches Element einer Präsentation ist die Einwand-Integration. Wenn Sie die Hauptbefürchtungen des Kunden ziemlich am Anfang benennen und darauf in Ihrem Vortrag direkt Bezug nehmen können, wird sich der Kunde sofort angesprochen fühlen. Integrieren Sie Einwände, Hindernisse, mögliche Bedenken, Schwierigkeiten, die auftauchen könnten, in Ihren Vortrag, diskutieren Sie diese Punkte. Schieben Sie dem Kunden solche Dinge nicht still und klammheimlich in irgendwelchen Nebensätzen unter. Einwände verdienen eine offene und direkte Behandlung. Der Kunde soll nicht Ja und Amen sagen zu Ihren Vorschlägen. Kontroverse Diskussionen, die zu gemeinsam gefundenen Ergebnissen führen, sind für Prozesse viel geeignetere Schmiermittel als der Applaus für einen guten Vortrag.

Am Anfang eines Vortrags können Sie die Stimmung auch dadurch auflockern, dass Sie zunächst einige Dinge sagen, die alle Teilnehmer ohne weiteres bejahen können. Dazu eignet sich tolles Wetter ebenso wie schlechtes. Wenn Sie im Hochsommer sagen, „Dem schönen Wetter trotzend haben wir uns zusammengefunden“, dann erzeugt das eine ähnliche Wirkung wie das Lamentieren über anhaltend schlechtes Wetter. Treffen Sie die klimatischen Verhältnisse im Kern, werden sich alle Zuhörer mit Ihnen einig sein. Auf diese Weise versetzen Sie alle Teilnehmer in eine Ja-Stimmung und haben dadurch zunächst alle auf Ihrer Seite: „Das fängt ja schon gut an, da hat er ja schon was Richtiges gesagt“, können sich dann alle sagen.

14. Das Wichtigste im Kopf verankern

Es wird im Rahmen der Diskussion Aussagen geben, denen der Kunde sichtlich zustimmt. In der Regel äußert sich dies in wohlwollenden Fragen, zustimmendem Nicken und anderen Beifallsbekundungen.

Statt sich in solchen Momenten zu sonnen und sich selbst auf die Schultern zu klopfen, können Sie diese Situationen nutzen, um Ihre Anker zu werfen. Sie können solche Momente im Bewusstsein Ihrer Zuhörer verankern, indem Sie sie mit bestimmten Bewegungen verbinden. Machen Sie in solchen Momenten Hand- oder Körperbewegungen, die Ihnen einen kraftvollen Ausdruck verleihen.

Wenn Sie zum Beispiel die Hand zu einer Faust zusammenballen, wird der Zuhörer diese Handbewegung zusammen mit seinem positiven Empfinden im Gedächtnis abspeichern. Wenn Sie dann später in der Zusammenfassung der Präsentation die wesentlichen Zielelemente Ihrer Darstellung nennen und dabei die Hand zu einer Faust ballen, wird dies beim Zuhörer positive Assoziationen auslösen.

Wenn Sie erleben wollen, wie Ankern funktioniert, dann gehen Sie ins Kabarett. Achten Sie dort weniger auf das, was ein Komiker sagt, als vielmehr darauf, was er sonst noch so tut. Ein guter Komiker ist immer ein Ankerprofi. Sobald nach der ersten Pointe geklatscht wird, begleitet er diesen Beifall mit einer bestimmten Körperbewegung. Wenn er dies drei- bis viermal wiederholt hat, zaubert er das Klatschen fast von selbst aus dem Hut, manchmal sogar, ohne Witze zu machen. Er bewegt sich einfach nur entsprechend, und alle Zuhörer ahnen bereits, dass nun wieder eine Pointe kommt.

Auch wenn Sie bei Ihrer Präsentation Dinge sagen wollen, die der Kunde nicht gern hört, die Sie aber dennoch aus für Sie wichtigen Gründen erwähnen möchten, können Sie die Ankertechnik wirkungsvoll einsetzen. In diesen Momenten können Sie Ihren Präsentationsplatz verlassen und sich einige Schritte von ihm wegbewegen. Wenn Sie negative Dinge woanders sagen, kann der Zuhörer Sie besser von den positiven Lösungsvorschlägen unterscheiden. Dumm ist es dann nur, wenn Sie vergessen zurückzugehen, am anderen Platz stehen bleiben, und dort lustig weiter erzählen.

15. In die Zukunft denken

Verdeutlichen Sie dem Kunden, welche Wirkung Ihre Lösungsvorschläge für ihn in der Zukunft entfalten können. Setzen Sie den Kunden mit Ihrer Präsentation in eine Art Zeitmaschine, sodass er förmlich selbst erleben kann, welche positiven Veränderungen Ihre Lösung, sofern Sie erfolgreich umgesetzt wird, für ihn und sein Unternehmen bringen wird. Arbeiten Sie gemeinsam mit dem Kunden konkret die Qualitätspotenziale heraus, die durch Ihre Lösung mobilisiert werden können. Laden Sie den Kunden zu Zeitreisen ein, die Sie mit „Als ob"-Fragen einleiten. „Wenn Sie sich jetzt vorstellen, Sie hätten sich für diese Lösung entschieden, Sie hätten diese Lösung vielleicht ein Jahr im Einsatz und all die Punkte, die wichtig sind, wären in der hier besprochenen Form realisiert worden, was würde das genau bedeuten?" Wenn er so gefragt wird, kann sich der Kunde all das ausmalen, was geschehen wird, wenn die Lösung positiv gegriffen hat. Stellen Sie diesen Zustand auch dar, indem Sie die Differenz zum Ist-Zustand betonen und diesen Unterschied an konkreten Beispielen verdeutlichen. Nutzen Sie die Gestaltung von Zukunftsszenarien als Projektionsfläche für die Zukunftswünsche des Kunden. Wenn Sie diese Szenarien eindringlich genug gestalten, wird es dem Kunden so erscheinen, als sei die Verwirklichung seiner Wünsche zum Greifen nah.

Von diesen Zukunftsentwürfen ausgehend können Sie dann gemeinsam mit dem Kunden die weiteren Arbeitsschritte festlegen. Erstellen Sie daraus einen zeitlichen Handlungsablauf, und verdeutlichen Sie dem Kunden, dass er sich, wenn er all das realisieren will, so und so zu entscheiden hat.

Umgekehrt können Sie darlegen, welchen Preis der Kunde zu zahlen hätte, wenn er Ihre Lösung in den Wind schlagen und versäumen würde, die richtigen Schritte zu tun. Dann können Sie auch eine düstere Zukunft ausmalen, die zu erwarten wäre, wenn er nicht Ihren Vorschlägen entsprechend handelt. Versicherungsvertreter operieren oft, vielleicht sollte man sagen, fast ausschließlich, mit negativen Szenarien. Was könnte alles passieren, wenn für bestimmte verheerende Situationen entsprechende Policen nicht vorhanden wären? Also besser dagegen versichert sein.

16. Showeffekte – Präsentationen lebendig gestalten

Wenn er sich langweilt, geht der Kunde fremd. Mit diesem Gedanken im Hinterkopf können Sie darüber sinnieren, wie Sie Ihrem Auftritt Wirkung verschaffen. Damit der Funke überspringen kann, bedarf es eines entsprechenden Feuers, das Sie vor allem durch einen brillanten Vortrag entfachen. Lassen Sie Ihrer blühenden Fantasie beim Erfinden geeigneter Showeffekte freien Lauf.

Was immer Sie in puncto Showeffekte anstellen wollen, orientieren Sie sich daran, dass eine Präsentation auch einen gewissen Erlebnischarakter haben sollte. Verhindern Sie auf jeden Fall das Aufkommen von Langeweile, lassen Sie sich etwas Originelles einfallen. Ein bisschen Show, ein bisschen Klappern gehört zum Handwerk. Es hängt einiges von der Wirkung Ihres Auftritts ab.

Das Einbauen von Showeffekten ist nicht zu verwechseln mit den leider allzu häufig anzutreffenden Selbstdarstellungen verhinderter Möchtegern-Gurus. Der Schuss geht nach hinten los, wenn man bei einer Präsentation vom Größenwahn und vom Narzismus gepackt wird und sich nach dem Motto „Ich bin schön, ich bin toll, ich bin der Klügste und meine Lösung ist die Beste“ präsentieren will.

Erfolgsgarant einer gelungenen Präsentation ist der Einsatz eines effizient gestalteten Medien-Mixes. Auch ein gutes Zusammenspiel von Moderator und Präsentierendem wirkt positiv. Nicht zuletzt gehört das gefühlvolle Eingehen auf die unausgesprochenen Einwände des Kunden zu einer gelungenen Präsentation. Kleben Sie nicht starr am vorzutragenden Text. Es ist zweitklassig, ein vorher einstudiertes Stück auf die Bühne zu bringen. Rücken Sie den Kunden in den Mittelpunkt. Die Lösungen, die Sie anbieten können, entfalten ihre Wirkung vor allem dann, wenn der Kunde sich offen dafür zeigt und die Bereitschaft signalisiert, mit Ihnen gemeinsam eine Reise antreten zu wollen. Setzen Sie Showeffekte in diesem Sinne ein.

17. Ressource, Power und positive Einstimmung

Eine gelungene Präsentation beinhaltet, dass Sie dem Kunden äußerst respektvoll entgegentreten. Zeigen Sie ihm, dass Sie ihn mögen und schätzen. Wenn Sie dem Kunden keinen Respekt entgegenbringen und ihm mit der Haltung begegnen: „Was werde ich dem wohl heute wieder andrehen können", werden Sie keine positive Ausstrahlung vermitteln können. Geringschätzung lässt sich schlecht verbergen. Machen Sie sich da nichts vor. Wer dem Kunden keine Achtung entgegenbringt, ist auf der Verliererseite.

Was immer Sie inhaltlich vortragen: Überzeugende Argumente allein reichen nicht aus, um beim Kunden eine entsprechend positive, nachhaltige Wirkung zu erzeugen. Zu einer spannend gestalteten Präsentation gehört auch die persönliche Ausstrahlung, die eine gute Stimmung erzeugt und sich auf den Kunden übertragen kann. Gehen Sie deshalb nicht unausgeschlafen, sondern in einer munteren und kraftvollen Verfassung in eine Präsentation. Natürlich können Sie Aufputschmittel nehmen oder das berühmte Gläschen zur Beruhigung einsetzen, doch die Wirkung solcher vermeintlichen Helfer kann natürlich auch nach hinten losgehen.

Nutzen Sie besser Ihren eigenen Körper, um sich für eine Präsentation in einen Energie geladenen Zustand zu bringen. Bei allen Menschen lösen bestimmte Körperhaltungen und Bewegungen automatisch positive Gefühle aus. Greifen Sie lieber zu so einfachen Mitteln wie: Arme auseinanderbreiten, tiefes Durchatmen, die Handflächen nach oben bewegen, sich strecken etc.

Ein Beispiel: Unser Team befand sich in einem Präsentationsraum, den wir zuvor vorbereitet hatten, als einer unserer Partner plötzlich aus dem Stegreif zum Tanzbär mutierte, indem er vor versammelter Mannschaft begann, die Bewegungen und die Tierstimme von Balou, dem berühmten Bären aus dem Dschungelbuch, nachzuäffen. Sie können sich gut vorstellen, dass diese Performance zunächst etwas befremdlich wirkte. Dann erklärte uns dieser Partner, dass ihn diese Bewegungen an einen bestimmten Tanz erinnern würden, den er sehr gerne habe und der ihn daher zur Höchstform anstacheln könnte.

Wenn Sie ähnliche Formen der körperlichen Selbstmotivation lieben, sollten Sie diese nicht in Gegenwart des Kunden praktizieren. So vermeiden Sie falsche Schlüsse, die aus solchem Verhalten möglicherweise gezogen werden könnten.

Dennoch zeigt dieses Beispiel, dass Sie mit Ihrem Körper einiges für Ihre Power tun können, vor allem dann, wenn Sie sich in einer Stressphase befinden und niedergeschlagen sind. Wenn Sie bestimmten sportlichen Aktivitäten frönen, werden Sie Bewegungsabläufe nutzen, die Ihnen Energie bringen. Setzen Sie sie ein, nicht nur im Wald vor dem Joggen, sondern vor oder während einer Präsentation. Natürlich unter der Prämisse, dass Sie dabei kein auffälliges, erklärungsbedürftiges Verhalten an den Tag legen.

Eine geeignete Reaktion sollten Sie auch für den Fall parat haben, dass der Kunde Sie sehr missmutig anschaut. Sie werden immer wieder auf Kunden treffen, deren Gesten und Mienen eine starke Ablehnung des von Ihnen Vorgetragenen befürchten lassen. Dabei kann man sich aber auch leicht täuschen. Wenn Sie es schon einmal erlebt haben, dass Sie während Ihres halbstündigen Vortrags den Eindruck hatten, ein Kunde schaue Sie permanent abweisend an und dieser kam dann später auf Sie zu, um Ihre Präsentation in den Himmel zu loben, dann wissen Sie, dass die Interpretation von Gesichtszügen möglicherweise auch etwas mit Ihnen, mit Ihrer Einschätzung der Situation und mit Ihrer aktuellen Stimmung zu tun hat.

Nutzen Sie auch die Kraft von Bildern. Wenn etwa ein Kunde Sie an Ihren Vater und Ihre möglicherweise sehr problematische Beziehung zu selbigem erinnert, sollten Sie ihm in Ihrer Fantasie ein freundlicheres Gesicht und leicht nach oben gezogene Mundwinkel verpassen. Stellen Sie sich vor, dass dieser Kunde Ihnen freundlich zunickt. Dann wird es Ihnen vermutlich leichter fallen, mit ihm in Beziehung zu treten.

Kapitel 9

Den Endspurt intelligent managen – das **Closing**

1. Preise zum Schluss variabel gestalten
2. Wie viele Abschluss-Techniken setzen Sie ein?
3. Balancieren oder: Die Dosis muss stimmen
4. Sympathiewerbung beim Kunden
5. Kurskorrekturen gehören dazu

BEISPIEL

Alles war fast fest vereinbart. Nur das entscheidende Gespräch stand noch aus. Der Gesprächspartner war ein bekannter Hersteller von Wendeplatten in der Maschinenindustrie, der durch den Geschäftsführer, einen Schweden, der die Gesamtverantwortung für die verschiedenen Geschäftsfelder trug, vertreten wurde. Unser Angebot war ein Umsatzsteigerungsprogramm. Und dann kam der Moment, als dieser sich zurücklehnte, uns ansah und in aller Ruhe fragte: „Und Sie wollen diesen Auftrag verantworten? Woher haben Sie überhaupt die Erfahrung, um dieses Programm umsetzen zu können?" Wir entgegneten sinngemäß, was denn wäre, wenn die Inhalte und die Art, wie das Programm durchgeführt werden sollte, mit absoluter Sicherheit zum Erfolg führen würden? Darauf antwortete er: „Dann vereinbaren wir Folgendes. Wir legen das Ganze erfolgsorientiert an. Sie kennen unsere Zielsetzung. Von allem, was darüber hinausgeht, bekommen Sie zehn Prozent. Wäre der Deal für Sie o. k.?" Wir stimmten zu, und seine verblüffende Reaktion war: „Schön, dass Sie das sagen, ich wollte Sie nur testen. Ich vertraue Ihnen, Sie haben den Auftrag."

Dieses Unternehmen schrieb uns ein Jahr später einen Brief, der von besagtem Vorstandsvorsitzenden selbst verfasst worden war. Darin teilte er uns mit, dass das Unternehmen in jenem Jahr seine Ziele um 30 Millionen Mark übererfüllt hatte. Sein Investment in unser Programm lag damals ungefähr bei rund 400 000 Mark. Hätten wir doch nur diese Erfolgsvereinbarung getroffen!

Andere Firmen reagieren in der Closing-Phase anders. Eine sehr bekannte internationale Unternehmensberatung kam auf die Idee, unsere Leistung zu testen, indem uns eingeräumt wurde, an einem Nachmittag einen längeren Vortrag halten zu dürfen, wobei ein ausgesuchter Mitwettbewerber im Nebenraum ebenfalls sein Konzept zum Besten gab. Das Management, etwa achtzig Personen, wechselte von Raum zu Raum und entschied sich aufgrund dieser Eindrücke für einen von uns beiden. Derjenige, dessen Vortrag besser ankam, erhielt den Auftrag. Wieder ein anderer Kunde aus der Logistikbranche vereinbarte mit uns eine Honorarausgleichung in Aktien.

Stellen Sie sich darauf ein: In der Closing-Phase werden Sie geprüft und getestet. Sie werden über den Preis verhandeln, aber der Kunde will auch Beweise Ihrer Qualität sehen. Für den Kunden ist die Vergabe eines Projekts, der Kauf eines Produkts oder der Einsatz einer Lösung mit einem hohen Risiko verbunden. Überlegen Sie sich deshalb frühzeitig, wie Sie dem Kunden in der Closing-Phase beweisen können, dass er mit Ihnen die richtige Wahl trifft.

In der Abschlussphase werden Vertragsdetails wie etwa Preisvorstellungen verhandelt. Wenn es daran geht, darüber zu verhandeln, was das Ganze denn kosten soll, können Sie sich freuen. Damit signalisiert der Kunde, dass er bereit ist, das Geschäft zum Abschluss zu bringen.

1. Preise zum Schluss variabel gestalten

Bei der abschließenden Diskussion des Preises können Sie drei Leitlinien folgen, ohne die eine Preisverhandlung ein unsicheres Vabanquespiel bliebe. Nennen Sie erstens den Preis stets im Verhältnis zum Nutzen, zum „Added Value" Ihrer Lösung für den Kunden. So kann der Kunde klar erkennen, für welche Leistung der Preis steht und aus welchem Verhältnis er resultiert. Preise sind keine Kosten, sondern Investitionen für den Kunden. Der Kunde investiert etwas und bekommt etwas dafür. Machen Sie diesen Zusammenhang permanent transparent. Nutzen Sie dabei auch visuelle Erklärungsschienen, und werden Sie nicht müde, diesen Sachverhalt zu verbalisieren. Der Kunde wird die Tatsache, dass der Preis immer in Verbindung mit den Vorteilen Ihres Angebots und mit dem Nutzen, den er davon hat, steht, verinnerlichen. Die Investitionen und der Nutzen, den Sie stiften, gehören zusammen.

Reden Sie im Zusammenhang mit dem Preis grundsätzlich von Optionen. Verdeutlichen Sie dem Kunden, dass es mehrere Möglichkeiten gibt, die Sie anbieten können, und dass sich die Preise entsprechend verändern. Und last, but not least: Signalisieren Sie dem Kunden bei der Preisdiskussion grundsätzlich eine hohe Flexibilität. Weisen Sie den Kunden darauf hin, dass Sie ein Win-Win-Geschäft anstreben, welches sich dadurch auszeichnet, dass beide Seiten mit dem Ergebnis zufrieden sein können, dass es fair zugeht, und dass jeder auch als Unternehmer überleben kann. Und dies schließt auch ein, dass sich bei veränderten Preisen auch die Leistungen adäquat verändern.

Vereinbaren Sie bestimmte Grundvoraussetzungen mit dem Kunden, damit es letztlich nicht auf ein Barbieren hinausläuft. Die Praxis des namhaften großen Automobilherstellers, der auf unanständige und unsinnige Weise die Lieferanten in ihren möglichen Gewinnen zu beschneiden versuchte, ist kein Erfolgsmodell. Wer sich solcher Praktiken bedient, läuft vielmehr Gefahr, dass die Händler und Lieferanten irgendwann einer Marke oder einem Produkt kein Vertrauen mehr entgegenbringen oder sogar seine Qualität anzweifeln.

Neben diesen drei grundsätzlichen Aspekten können Sie sich an folgenden allgemeinen Verhaltensregeln orientieren. Prüfen Sie auch einmal, inwieweit Sie diese bereits umsetzen.

1. Lassen Sie den Kunden in Ruhe, bauen Sie keinen falschen Druck auf ihn auf. Da Sie die Preistechniken ja bereits auf den vorherigen Stufen Ihrer Akquisition etabliert haben, können Sie gelassen vorgehen. Wenn Sie diese Ideen einzig und allein in der Closing-Phase aufgreifen, ist es zu spät.

2. Falls dem Kunden Ihr Service zu teuer ist, sollten Sie ihm erklären, wie sich der Preis zusammensetzt. Fragen Sie ihn, welche Leistungen seines Erachtens noch hinzukommen müssten, damit er den Preis akzeptieren könnte. Fragen Sie ihn auch, wie Sie ihm entgegenkommen könnten. Lassen Sie den Kunden einen Preisvorschlag machen. Wünscht der Kunde, dass der Preis reduziert wird, so filtern Sie mit ihm gemeinsam heraus, welche Leistungen eventuell wegfallen könnten. Fragen Sie den Kunden, ob er das Produkt denn kaufen würde, wenn er den Preis als fair empfinden würde. So können Sie erfahren, ob vorher noch etwas anderes zu klären ist.

3. Warnen Sie den Kunden davor, immer das Preisgünstigste zu kaufen. Sagen Sie ihm, dass dies auch auf Kosten der Qualität geht. Es stimmt einfach, dass Qualität ihren Preis hat. Es gibt eben keinen

guten Rotwein für einen Euro. Passend wäre auch die Bemerkung: „Den Preis entscheiden Sie einmal und das Thema ist erledigt, Qualität genießen Sie jedoch über den Tag hinaus."

4. Setzen Sie den Preis ins Verhältnis zum Service, und verdeutlichen Sie dem Kunden den Wert, den ein guter Service hat. Wer im Billigladen kauft, nimmt in Kauf, auf Service zu verzichten. Verdeutlichen Sie dem Kunden den Unterschied zwischen Preis und Kosten. Ein schlechter Service kommt letztlich viel teurer, auch wenn vorher scheinbar ein besserer Preis erzielt worden ist.

5. Überzeugen Sie den Kunden davon, dass er mit dem Kauf Ihrer Lösung einen guten Schritt tut. Bestärken Sie ihn mit Sätzen wie: „Wenn einem wirklich etwas gefällt, wäre es töricht zu glauben, man habe zu viel bezahlt. Das würde ja die ganze Freude daran vermiesen." Betonen Sie den Aspekt des Genusses, und machen Sie Ihrem Kunden klar, dass sich die Wertigkeit des Preises durch diesen immensen Zugewinn doch erheblich relativiert.

Sagen Sie dem Kunden, dass es besser sei, einmal hart über den Preis zu diskutieren, als sich später zigmal dafür entschuldigen zu müssen, dass die Leistung nicht gestimmt hat. Sie sagen Ihrem Kunden, dass Ihr Unternehmen nach dem Prinzip verfährt: „Lieber einmal den Preis rechtfertigen als immer die schlechte Qualität entschuldigen zu müssen."

2. Wie viele Abschluss-Techniken setzen Sie ein?

So, wie Sie mit dem Kunden über den Preis diskutieren, können Sie in der Phase des Closing auch über alle Fragen, die noch zu klären sind, reden. Immer geht es darum, Optionen aufzuzeigen, Varianten zu erörtern, den Umfang auszuhandeln, bevor die Unterschrift unter den Vertrag gesetzt werden kann. Der Gesamtabschluss ist Inhalt des Vertrags, den beide Seiten akzeptieren können. Er setzt sich aber aus Teilaspekten zusammen, über die man mit dem Kunden Einigkeit erzielen muss. Der Vertrag ist immer ein Puzzle aus vielen Teilen, die zu einem Ganzen zusammengesetzt werden. Und wenn man sich über viele Unterpunkte schon einig geworden ist, muss über die restlichen Details verhandelt werden.

Gehen Sie in ein Abschlussgespräch mit dem sicheren Gefühl, dass der Auftrag auf jeden Fall verteilt wird. Malen Sie sich dazu entsprechende Bilder aus, die Sie in eine gute Stimmung versetzen und Ihnen das Gefühl der Sicherheit geben. Blenden Sie Zweifel am Erfolg aus, und konzentrieren sich darauf, dass Ihre Bemühungen von Erfolg gekrönt sein werden und der Abschluss in beiderseitigem Interesse erfolgen wird. So können Sie Ihre eigene Sprache total ändern. Sie können sprachlich viel überzeugender auftreten und Worte wie „könnte" und „hätte", „vielleicht" und „möglicherweise" für die Dauer des Gesprächs aus Ihrem Wortschatz verbannen.

Führen Sie dieses Gespräch so, dass Sie auf Fragen, die der Kunde mit ja oder nein beantworten kann, verzichten. Reden Sie stattdessen mit dem Kunden über Inhalte, über einzelne Aspekte der Abwicklung, über Fragen des Prozederes. Formulieren Sie vor allem Fragen, die Sie mit „wie" einleiten, wenn Sie mit dem Kunden den zeitlichen Rahmen, die Bedingungen, technische Fragen und eventuelle Unklarheiten besprechen. Klären Sie offene Fragen, statt voreilig auf ein Ja oder Nein zu drängen. Lassen Sie dem Kunden auch Wahlmöglichkeiten, sorgen Sie dafür, dass er sich zwischen Alternativen entscheiden kann.

Geben Sie deshalb von ihrer Seite kein völlig ausgereiztes Angebot ab. So bleiben Sie flexibel und steigerungsfähig, da Sie gegebenenfalls nachbessern können. Stellen Sie mehrere Möglichkeiten in Aussicht, eine große und eine mittlere Variante, erläutern Sie die jeweiligen Vor- und Nachteile. Integrieren Sie diese in den Entscheidungsprozess, auch wenn der Kunde seine Einwände in recht unfreundlichem Ton vorbringen sollte. Nehmen Sie die Sorgen, Ängste und Nöte des Kunden ernst.

Wenn Sie merken, der Kunde zögert noch, den Vertrag mit Ihnen abzuschließen, können Sie von der Sach- auf die Beziehungsebene wechseln und ihn fragen, ob es vielleicht daran liegt, dass er etwas gegen Sie hat. Stellen Sie heraus, dass es für Sie wichtig ist, Glaubwürdigkeit und Vertrauen auszustrahlen.

Wenn Ihnen die Gelegenheit günstig erscheint, dann bieten Sie dem Kunden an, per Handschlag abzuschließen. Bekunden Sie ihm Ihr Vertrauen mit den Worten: „Ihr Wort genügt!“. Bringen Sie dem Kunden nahe, dass er mit dem Abschluss seinen Erfolg mehrt. Den Nutzen, den er davon hat, vermitteln Sie ihm auch dadurch, dass Sie Selbstvertrauen zeigen und ihm auf diese Weise Ihre Überzeugung demonstrieren, dass Ihre Leistung das auch wert ist.

3. Balancieren oder: Die Dosis muss stimmen

Der letzte Anstoß in dieser Phase vor der endgültigen Entscheidung des Kunden braucht das richtige Timing.

Wann ist der günstigste Zeitpunkt, den Kunden zur Entscheidung zu drängen? Soll man ihn überhaupt drängen, oder sollte man lieber sanft vorgehen? Welche Handlungsabläufe können in welcher Reihenfolge zum Abschluss führen? Wie können Sie den Prozess kurz vor der Entscheidung am effizientesten steuern? Wollen Sie dem Kunden noch mehr Zeit einräumen zu überlegen, oder wäre es besser für den Kunden, ihn nun zu einer Entscheidung hinzuführen? Oder wäre es gar vorteilhafter, noch abzuwarten und gelegentlich nachzuhaken? Mit welchem Auftreten können Sie die Prozesse zu einem guten Abschluss bringen? Könnte es helfen, dass Sie einige Zielpersonen mehrmals hintereinander ansprechen, dem einen mehr, einem anderen weniger auf den Wecker fallen, den einen sanfter, den anderen rauer anfassen?

Wie der Gefahr entgehen, sich zu verzetteln? Es hilft nichts, tolle Gespräche geführt zu haben, wenn man sich dann hinterher eingestehen muss, dass letztendlich kein Auftrag dabei herumgekommen ist.

4. Sympathiewerbung beim Kunden

Sagen Sie dem Kunden exakt, was er Positives gewinnt, wenn er abschließt. Vermitteln Sie ihm den Nutzen, den ihm der Auftrag bringen wird. Sprechen Sie auch darüber, was ihm entgeht, wenn er nicht mit Ihnen abschließt. Malen Sie ihm aus, was es für ihn bedeuten würde, wenn er auf den Genuss, der mit Ihrer Leistung verbunden ist, verzichtet. Malen Sie dem Kunden diesen Genuss in den herrlichsten Farben aus. Versorgen Sie den Kunden mit Gegenständen und Informationen. Geben Sie ihm Material an die Hand, das ihn in seiner Kaufentscheidung bestätigt.

Käufer in Ihren Entscheidungen bestätigen: Dafür finden Sie viele Beispiele in Werbebotschaften. Schauen Sie sich Werbespots für Autos an, beinahe in jedem zweiten wirbt eine attraktive Frau für den Wagen. „Tolle Frau, toller Wagen, na klar, so Typen, so tolle Typen, fahren so tolle Autos." Diese Botschaft soll beim Käufer ankommen. In den anderen 50 Prozent der Spots tauchen glückliche Familien auf. Drei süße Kinder, ein umsorgter Vater, eine glücklich lächelnde Mutter. Und das Auto ist so familienfreundlich, hat so viel Platz zu bieten. Für so tolle Familien.

Nutzen Sie die unbegrenzten Möglichkeiten, um beim Kunden das gute Gefühl für eine Kaufentscheidung zu untermauern. Und zwar bereits im Vorfeld der Entscheidung. Vermitteln Sie ihm, dass die Lösung, die Sie anbieten, für seine Zwecke optimal ist. Sie können dem Kunden einen Gegenstand zeigen, an dem er erkennen kann, dass andere, die sich für eine Lösung aus Ihrem Hause entschieden haben, gut damit gefahren sind. Sie können dem Kunden auch Referenzen präsentieren, so dass er nachprüfen kann, was Ihre Lösungen bei anderen Unternehmen bewirkt haben. Überlassen Sie diese Sympathiewerbung für Ihre Lösung nicht dem Zufall, steuern Sie diesen Prozess beim Kunden bewusst!

5. Kurskorrekturen gehören dazu

Ein Schiff zielsicher über einen See zu lenken verlangt die Fähigkeit zur Kurskorrektur. Man muss das Ruder beherrschen und auf Veränderungen des Wassers oder des Wetters mit den richtigen Bewegungen und Aktionen reagieren. Oft muss man tausendmal lenken, sich immer wieder der Situation anpassen, um auf Kurs zu bleiben.

Diese Fähigkeit zur ständigen Kurskorrektur ist auch im Akquisitionsgeschäft mit dem Kunden gefragt. Praktizieren Sie die richtigen Verhaltensweisen zum richtigen Zeitpunkt, und behalten Sie immer das Verkaufsziel im Auge. Dazu gehört die Bereitschaft, das eigene Verhalten stets in Frage stellen zu können, und an den Bedarf, den der Kunde signalisiert, anzupassen.

Dazu gehört, dass Sie offen dafür sind, Ihre Einstellungen und Erwartungen selbst zu überprüfen und zu verbessern. Ziele entstehen in einem aufbauenden Prozess. Es kommt darauf an, Flexibilität zu beweisen, neue Informationen, zusätzliche Serviceleistungen einfließen zu lassen, Zielvereinbarungen zu verändern oder zu ergänzen, Handlungsspielräume zu nutzen, gleichzeitig attraktiv und kundengerecht zu sein und immer den Kundenwünschen entsprechend zu agieren. Ein Unternehmen besteht aus lebendigen Menschen, deshalb können sich Ziele permanent ändern. Zeigen Sie sich darüber nicht enttäuscht. Auf Veränderungen angemessen zu reagieren ist eine Ihrer wesentlichen Führungsqualitäten.

Kapitel 10

Der professionelle Umgang mit den **Jas** und **Neins**

1. Sie haben den Auftrag!
2. Nicht geklappt – auf ein Neues
3. Why?
4. Viele Bälle in der Luft halten
5. Das Pendel des Lebens

BEISPIEL

„Sie können den Auftrag für alle Niederlassungen im Süden komplett haben, aber nur unter einer Bedingung: Sie bearbeiten im folgenden Jahr zunächst zwei Testmärkte mit zwei großen Niederlassungen, die beide ein ehrgeiziges Ziel formuliert haben. Wenn Sie mit Ihrer Leistung zehn Prozent über diese Ziele hinauskommen, haben Sie den Gesamtauftrag." So lautete das Angebot des Vorstandsvorsitzenden einer bekannten Bausparkasse.

Es wurde ein anstrengendes Jahr. Als es vorüber war, wurde Bilanz gezogen. In den beiden Testmärkten hatten wir die Ziele um 13 bzw. um 25 Prozent übertroffen. Wir fühlten uns wie die Könige, als wir ins Flugzeug stiegen, um beim Vorstandsvorsitzenden den Gesamtauftrag abzuholen. Doch daraus wurde leider nichts. Achtzig Prozent der anderen Niederlassungsleiter hatten es abgelehnt, mit unserem Unternehmen weiter zusammenzuarbeiten, obwohl wir – wie dies ja in absoluten Zahlen zu beweisen war – effizient gearbeitet hatten. Wie uns später offen gesagt wurde, hatte diese Entscheidung politische Gründe. Die Fürstentümer wollten sich nicht in die Karten schauen lassen und meinten, dass sie die Sache ohne uns genau so gut hinbekämen. Letztendlich ging es wohl darum, dass die Führungskräfte befürchteten, ein Außenstehender könnte ihnen beweisen, dass man auch deutlich bessere Ergebnisse erzielen könne.

Warum erzählen wir Ihnen diese Geschichte? Nun, es ist einfach, damit umzugehen, wenn man einen Auftrag bekommt. Aber es verlangt wahre Größe, mit verlorenen Aufträgen fertig zu werden. Und Sie werden, wenn Sie gut sind, eine Menge Aufträge verlieren. Sie werden eine Menge Neins hören. Und Sie werden diese Neins nicht nur hören, weil Sie schlechte Leistungen erbracht haben, sondern weil vielleicht gerade das Unternehmen umstrukturiert wird, weil der Kunde unentschlossen ist oder weil sich die politische Landschaft geändert hat. Da gibt es tausend Gründe, und natürlich gibt es auch noch den guten Grund, dass Wettbewerber deutlich besser sind als Sie.

Daraus können Sie zwei Dinge lernen: Achten Sie stets darauf, dass Ihre Pipeline gut gefüllt ist und Sie immer viele Bälle in der Luft halten. Denken Sie zweitens darüber nach, welche Ressourcen Sie für sich ausbauen können, damit Sie mit solchen Neins professionell umgehen können.

1. Sie haben den Auftrag!

Sie haben den Auftrag. Freuen Sie sich! Sagen Sie es Ihrem Kunden. Schreiben Sie es Ihrem Kunden. Feiern Sie das zu Hause. Es ist gut, für einen erfolgreichen Auftrag Zustimmung zu suchen, erwarten Sie aber niemals Beifall.

2. Nicht geklappt – auf ein Neues

Sie haben den Auftrag nicht. Freuen Sie sich trotzdem! Warum? Warum nicht? Wollen Sie lieber in Depressionen versinken? Es ist immer leicht zu resignieren, aber wer einen Fehler begangen hat und diesen nicht korrigiert, der macht einen zweiten.

Bereiten Sie besser einen neuen Erfolg vor. Scheitern ist das erste Vorzeichen des Gelingens, denn inmitten der Schwierigkeiten liegen die Möglichkeiten. Und der professionelle Umgang mit dem Scheitern, gehört ebenso zum Handwerk. Jeder Akquisiteur sammelt mehr Neins als Jas. Niemand hat eine Quote von 1:1.

Machen Sie sich nicht zum eigenen Rivalen. Es ist einfach so: Wenn Sie in einer gewissen Liga spielen, sind Tiefschläge normal. Nur wer auf einer Matte schläft, kann nicht tief fallen. Wenn Sie aber mal verloren haben, sollten Sie versuchen, wieder Kraft zu tanken, um von vorne wieder losziehen zu können.

3. Why?

Sie haben den Auftrag verpasst. Schon stellt sich hartnäckig die Frage: Warum? Eine Erklärung, die dann gerne vorgebracht wird, lautet: „Natürlich, wir haben ja wegen des Preises verloren." Es ist dumm, so zu denken. Wer einen Auftrag bekommt, wird daraus kaum den Schluss ziehen, dass er ihn wegen des Preises bekommen hat. Einen Auftrag bekommen Sie immer dann, wenn Sie selbst gut waren und eine tolle Lösung hatten. Deshalb führt beim Misserfolg das Preisargument in die persönliche Sackgasse. Es ist immer besser, Verantwortung zu übernehmen: für seinen Gewinn wie auch für seinen Verlust.

Jeder, der einen Auftrag nicht gewinnt, ist selbst dafür verantwortlich. Das gilt unabhängig davon, ob die Konjunktur zusammengebrochen ist, ein Beamter angeblich geschmiert wurde oder ein Kunde Ihr Unternehmen nicht mag. Es lassen sich Tausende von Gründen dafür finden. Es so und nicht anders gelaufen ist. Trotzdem gilt: Jeder ist für sich selbst verantwortlich.

Verloren. Na und? Jetzt erst recht! Das ist die oberste Maxime. So zu denken, das schafft neue Kraft und Energie zum Handeln. Dann können Sie wieder vorwärts gehen, statt antriebslos und schmollend in der Ecke sitzen zu bleiben. Wenn man merkt, dass etwas nicht zum Ziel führt, versucht man eben etwas anderes. Wo ein Wille ist, ist auch ein Weg. Klingt abgedroschen? Zugegeben, ja. Es ist aber eine ganze Menge dran.

4. Viele Bälle in der Luft halten

Ein guter Jongleur spielt mindestens mit drei Bällen. Halten auch Sie viele Bälle, viele Auftragschancen in der Luft. Dann spielt es keine Rolle, falls ein Ball nicht wieder aufgefangen wird und zu Boden fällt. Modell Pipeline, Sie erinnern sich ...

Fakt ist: Die Menge macht's. Wenn dann ein Auftrag nicht realisiert wird, können Sie mit den Achseln zucken und sich dem nächsten zuwenden. Haben Sie aber nur einen Ball im Spiel, arbeiten Sie mit einer theoretischen Trefferquote von 1:1, dann sollten Sie die Karten neu mischen. Das ist schmerzhaft, denn wenn der Ball dann fällt, ist das Spiel aus, dann ist das Halali geblasen.

5. Das Pendel des Lebens

Stellen Sie sich das Leben wie ein Pendel vor. Wenn Sie das in Gang setzen, schwingt es kräftig nach links und nach rechts. So wie das Leben hin- und herschwankt, sich positive und negative Seiten einstellen, es Regen- und Sonnentage gibt. Ach, wie schön wäre es, wenn doch immer die Sonne schiene und der Urlaub ein Dauerzustand wäre.

Doch wir alle wissen, dass keiner von uns in der Lage ist, sich immer auf der Sonnenseite des Lebens zu bewegen. Auch ständige Urlaubsstimmung macht die meisten eher krank und unglücklich. Ein Pendel kann dagegen jeder anhalten. Doch anhalten verletzt das Prinzip des Pendels. Ein Stopper verhindert, dass das Pendel weiter schwingt. Es verliert seine Kraft. Es wäre vorbei mit dem Pendel, die Kugel hielte sich in der Mitte, in der Mittelmäßigkeit, in der Ausgewogenheit, ohne Kraft, ohne Schwung und ohne Risiko.

Das Leben ist wie ein Pendel, es schwingt zu beiden Seiten. Leben Sie das Spiel des Pendels, des Lebens: Nur wer Schwingungen akzeptiert und seine negativen Erfahrungen in positive Energie und seine Niederlagen in neue Chancen verwandeln kann, lebt kraftvoll. Wer gern rudert, der weiß, dass ein richtiges Boot schwanken muss.

Positive Erfahrungen und Erlebnisse gewinnen ihre Qualität erst dadurch, dass derjenige, der sie macht, auch eine Vorstellung von ihren Kehrseiten hat. Nur dann können Sie als solche wahrgenommen und wertgeschätzt werden. Jedes Handeln beinhaltet die Möglichkeit des Wachstums, aber auch immer die Gefahr des Scheiterns. Jeder Mensch ist gewissen Verletzungsgefahren ausgesetzt, und manch einer verschließt sich jeder neuen Erfahrung aus Angst vor weiteren Verletzungen. Solche Menschen verhindern aber neue positive Erkenntnisse, ihre die Wahrnehmung und Interpretation der Welt kann sich nicht verändern. Wer sein Pendel aus Angst vor negativen Erlebnissen und Fehlern stoppt, ist nicht in der Lage, Lebensqualität intensiv zu genießen.

Angst vor Fehlern ist unangebracht. Fehler sind nur Erfahrungen. Sie beinhalten Lernchancen, an denen Sie wachsen und aus denen Sie Erfahrungen ziehen können. Das nächste Mal können Sie es besser machen. Das, was geschehen ist, können Sie eh nicht mehr ändern, aber Sie können sich wieder auf den Weg begeben.

Niederlagen sind notwendig, sonst gäbe es keine Sieger. Ohne Verlierer könnte keiner ein Siegerpodest erklimmen. Er stünde alleine oben, der Beifall hielte sich in Grenzen. Jede Niederlage ist der Auftakt zu einem neuen Spiel. Der Sieg fordert Niederlagen und Niederlagen kreieren Erfolge. Wenn Sie also Aufträge verloren haben, dann sollten Sie sich damit nicht allzu lange aufhalten. Denken Sie an das Pendel. Es kommen auch wieder bessere Tage. Und Sie können sofort damit beginnen, auf bessere Zeiten hinzuarbeiten.

Kapitel 11

Vertrauen bilden mit **Charisma**

1. Charisma ist erlernbar
2. Leidenschaft, Initiative – nutzen Sie Ihre Talente!
3. Mut zum Risiko
4. Selbstverantwortung statt Schuldzuweisung und Rechtfertigung
5. Commitment: Stehen Sie zu Ihrem Wort
6. Klarheit, Mission, Auftrag
7. Vertrauen und Ehrlichkeit

BEISPIEL

Der Schauplatz der folgenden Anekdote war ein größeres Pharmaunternehmen in der Gegend um Köln. Wie so oft waren es drei Wettbewerber, die Vorschläge zum Thema, wie ein Projekt im Vertrieb deutlich schneller umgesetzt werden könnte, angeboten hatten. Der Kernbegriff lautete also Speed. Weil sich noch zwei andere Unternehmen beworben hatten, entschieden sich die Führungsgremien dafür, den passenden Kandidaten im Rahmen einer Beautyparade zu ermitteln.

Die drei Angebote schienen in puncto inhaltliche Qualität gleich oder annähernd gleich gut zu sein. Letztendlich wurde uns das Glück zuteil, diesen Auftrag umsetzen zu dürfen. Nicht, weil unsere Leistung besser war, sondern weil wir den Entscheidungsträgern vertrauenswürdig zu sein schienen.

Das Entscheidungsteam stellte viele Fragen, die darauf abzielten, herauszufinden, ob man uns vertrauen könnte. Die Annahme, die dahinter steht, ist sehr einfach: Wenn man dem Menschen, der einen Vorschlag macht, vertrauen kann, dann kann man auch darauf vertrauen, dass dessen Projekt funktionieren wird.

Das bedeutet für den Akquisiteur, dass er sich in solchen Situationen sehr verlässlich und offen zeigen sollte, dass er sich bemühen sollte, authentisch zu sein, die Dinge beim Namen zu nennen und keine Show abzuziehen. Manchen Auftrag haben wir vermutlich nicht erhalten, weil uns das nicht immer gelungen ist.

1. Charisma ist erlernbar

Kunden schauen sich genau an, welche Akquisiteure sie vor sich haben. Und sie fragen sich: Was sind das für Typen, was sind das für Menschen?

Die Kunden, die dabei genau hingucken, selektieren und bewerten, orientieren sich dabei an folgender Formel: Wenn sie demjenigen, der ihnen etwas vorträgt, vertrauen können, können sie auch der Leistung, dem vorgeschlagenen Serviceangebot Vertrauen entgegenbringen. Wenn sie jedoch das Gefühl haben, einem Anbieter nicht vertrauen zu können, dann glauben sie dem Anbieter auch nicht, dass er die Leistung, die er anbietet, später auch erbringen wird. Nach dieser Formel gehen sie vor. Sie wollen nicht wissen, ob sie den Akquisiteur heiraten und mit ihm eine gute Ehe führen könnten – das interessiert nur die wenigsten.

Ein solches Vertrauensverhältnis ist für eine Geschäftsbeziehung von zentraler Bedeutung. Wie aber entsteht Vertrauen? Woraus speist sich Vertrauen? Vertrauen hat etwas damit zu tun, dass derjenige, der vorne steht und präsentiert, authentisch ist. Was heißt aber authentisch? Auf eine einfache Formel gebracht, ist Authentizität ein deutlicher Hinweis darauf, ob die äußere Präsentation des Vortragenden von seiner inneren Haltung getragen ist. Nur wenn dieses Verhältnis deckungsgleich ist, hat ein Vortrag die angemessene Überzeugungskraft. Das hört sich ja toll an, werden Sie vielleicht sagen, aber wie kann ich Authentizität erlangen? Nun, Sie könnten natürlich ein Seminar besuchen, etwa mit dem Thema: „In sechs Tagen zum Charisma", oder „In sieben Tagen zur vollendeten Persönlichkeit". Dabei würden Sie dann bestimmte Formulierungen, Gesten und Verhaltensweisen lernen, die Ihnen teilweise weiterhelfen könnten.

Oder Sie kopieren die Art und Weise, wie in der Medienwelt, zum Beispiel im Fernsehen, präsentiert wird. Wenn ein Showmaster oder Politiker auftritt, dann können Sie sicher sein, dass diese Medienauftritte eingeübt sind, erarbeitet nach dem Prinzip: Wenn es nicht gut genug war, wird es noch einmal gemacht, und wenn es dann immer noch nicht gut genug ist, noch einmal, und das so lange, bis es sitzt.

Und wir als Zuschauer sehen dann später den Ausschnitt, der am besten geklappt hat und sollen denken, es wäre der erste Versuch und die Akteure wären Naturtalente. Dabei haben die im Fernsehen auftretenden Personen, wenn sie live auftreten, in Wirklichkeit das ganze Szenarium vorher schon x-mal geübt.

Fernseh-Moderatoren oder Nachrichtensprecher sehen auf dem so genannten Teleprompter nicht nur den Text, den sie vor der Kamera sagen. Neben dem Text können sie auch lesen, wie sie sich vor der Kamera zu verhalten haben. Da steht dann zum Beispiel: „Arme hoch", „Arme breit", Jetzt lächeln", „Jetzt nach links". Jede Bewegung wird dort vorgegeben, damit sich die Akteure daran orientieren können und wissen, wie sie gut rüberkommen.

Diese Systeme, die für das Fernsehen eingesetzt werden, lassen sich ganz schlecht für Akquisitionsgespräche nutzen, weil das auf Kunden komisch wirkt. Es lässt sich auch technisch kaum umsetzen. Sie können sich ja kaum von Mitarbeitern Tafeln mit Regieanweisungen hinhalten lassen.

Authentizität und charismatisches Verhalten werden bei der Akquisition so nicht funktionieren. Der Akquisiteur sollte sich in der Tat mit diesen Themen vor der Präsentation intensiv beschäftigen. Er sollte sich fragen: Was macht eine Persönlichkeit aus, oder was macht sie eben nicht aus?

Die gute Nachricht zu diesem Themenkomplex lautet: Das kann erlernt werden. Eine Zeitlang wurde geglaubt, Führungsqualitäten könne man nicht erlernen, dann wurde davon ausgegangen, das Verkaufen sei nicht erlernbar. Mittlerweile wird beides überall auf der Welt als Lernstoff praktiziert. Auch das „System Charisma" ist erlernbar.

„Aber wie?", werden Sie sich jetzt fragen. Dafür ist vor allem eine persönliche Auseinandersetzung mit bestimmten Themen erforderlich. Es geht nicht ohne Ihr eigenes Zutun, nein, eigentlich geht es nur durch Ihr eigenes Zutun. Lernen Sie, sich primär mit sich selbst zu beschäftigen und nicht mit Ihren Hobbys und Bekannten. Arbeiten Sie vor allem an Ihrer Persönlichkeit. Denn wenn Sie keine starke Persönlichkeit haben, stoßen Sie in jedem Bereich des Lebens, auch im Akquisitionsgeschäft, sehr rasch an Grenzen. Sie werden dann nur mittelmäßige Erfolge erzielen. Aber keine Angst. Sie haben ein bestimmtes Alter erreicht und persönliche Erfahrungen gemacht und einiges vorzuweisen. Mit anderen Worten: Sie haben sich längst auf den Weg gemacht.

Sie können an bestimmten Merkmalen erkennen, wie weit Sie auf dem Weg zu einer authentischen Persönlichkeit bereits sind. Anhand der nun folgenden sechs Kriterien kann man unterscheiden, ob Menschen Charisma haben oder nicht.

Bedenken Sie, dass sich die meisten Gesprächspartner, denen Sie im Zusammenhang mit größeren Projekten begegnen, in einem Alter bewegen, das höher als vierzig oder fünfundvierzig liegt. Solche Menschen haben sich schon ausgiebig mit sich selbst auseinander gesetzt. Kunden, die als Entscheidungsträger fungieren, sind in der Regel Führungspersönlichkeiten, die über Themen wie Weisheit und Persönlichkeitsbildung nachgedacht haben und in der Lage sind, ihre Erkenntnisse in ihre Lebenserfahrung, in ihre Entscheidungs- und Denkprozesse positiv mit einfließen zu lassen. Solche Führungskräfte spüren ganz genau, ob sie einen Akquisiteur vor sich haben, der so tut, als ob, der ihnen etwas vorgaukeln will, der eine Show abzieht, der ein Schaumschläger ist, oder ob sie eine gefestigte und kompetente Persönlichkeit vor sich haben, die hinter dem steht, was sie sagt, und diese Einstellung vermitteln und Vertrauen erwecken kann. Dies ist keine Frage des Alters. Auch junge Akquisiteure können viel Persönlichkeit in das Geschäft einbringen. Natürlich mangelt es ihnen an Erfahrungen, mit denen „alte Hasen“ wuchern können. Aber den Kunden durch die harmonisch wirkende Übereinstimmung zwischen äußerer Präsentation und innerer Einstellung überzeugen und ihm den nötigen Respekt entgegenbringen, das kann in jedem Berufsalter gelingen. Jeder Mensch hat in jedem Lebensalter die Riesenchance, an seiner charismatischen Ausstrahlung zu arbeiten.

Ein charismatisches Auftreten ist ja auf dem Gebiet der Akquisition kein eitler Selbstzweck. Im Gegenteil, gut rüberkommen gehört zu den wesentlichen Erfolgsfaktoren, stellt doch jeder Kunde, der sich Ernst genommen fühlt, folgende Überlegung an, nach der er seine Entscheidung für ein Ja oder Nein im Wesentlichen ausrichtet.

Da der Kunde, der sich für Ihren Service interessiert, diese Lösung in der Regel noch nicht eingesetzt hat, muss er erhebliche Risiken gegeneinander abwägen. In diesem Falle ist es ganz natürlich, dass ein Mensch nach Möglichkeiten der Kalkulierbarkeit und Risikoabsicherung Ausschau hält. Wie kann er das? Nun, er könnte sich Referenzen geben lassen. Doch Referenzen beziehen sich immer auf die Situationen anderer Kunden, die möglicherweise nicht auf ihn zutreffen. Selbst die beste Referenz kann er nicht als eine Erfolgsgarantie für die Lösung der Probleme in seinem Hause betrachten. Er könnte zur Beratung auch Geschäftspartner fragen, die ihm Auskunft erteilen. Doch auch dann gilt dasselbe: Es handelt sich immer um anders gelagerte Fälle.

Aber es geht ja um seinen Fall, um Ihren potenziellen Auftrag. Und dann plustert sich vor ihm jemand auf, der ihm verspricht, eine Lösung für ihn zu haben, die exakt auf ihn zugeschnitten ist und die ihn vorwärts bringen wird. Dann bleibt dem Kunden nichts anders übrig, als seine Entscheidung nach seinem persönlichen Eindruck zu treffen. Zwar hat er viele Eckwerte gesammelt, ein Restrisiko wird aber bleiben. Jede Entscheidung erfolgt zum Teil auch aus dem Bauch heraus. Der Entscheider wird den Lösungsanbieter sehr genau anschauen und sich fragen: „Ist es denn der Richtige? Ist es die richtige Lösung? Ist es gut, sich so zu entscheiden? Strahlt dieser Anbieter denn auch aus, dass seine Lösung das Richtige ist?“ Denn darum geht es dem Entscheider ja. Er will eine tolle Lösung haben, und die Lösung soll auch etwas Neues für ihn darstellen.

Zu einer solchen Entscheidung gehören Mut und Risikobereitschaft. „Wird sich das Risiko lohnen?“, wird sich der Entscheider fragen, und: „Ist dieser Typ mutig und risikobereit? Kann er Verantwortung übernehmen? Hat er Selbstverantwortung, kann er dabei auch selbst, kann sein Unternehmen zur angebotenen Lösung stehen und sie so umsetzen, wie es versprochen wurde?“

Den Kunden dabei zu unterstützen, auf solche Fragen positive Antworten zu finden, das kann jeder einzelne Akquisiteur durch seine charismatische Persönlichkeit, durch seinen Charakter, durch seine Glaubwürdigkeit leisten.

Im Folgenden werden die sechs Themenkreise, die im Zusammenhang mit Charisma und persönlicher Integrität relevant sind, kurz und allgemein erläutert. Spezifisch auf unser Thema Akquisition zugeschnitten, werden diese Inhalte beinahe auf jeder Seite dieses Buches berührt. Sie wirken in allen Phasen der Kundenwerbung und sind in allen Handlungsabläufen, die auf dem Weg zum erfolgreichen Abschluss zu vollziehen sind, präsent.

Leidenschaftliche Initiative, Mut und Risikobereitschaft, Selbstverantwortung, Kompromissbereitschaft, die Einhaltung von Spielregeln, klares Handeln, welches einer Botschaft folgt, Vertrauen und Ehrlichkeit sind Leitlinien, denen der Akquisiteur vom Anfang bis zum Ende eines Geschäfts folgt. Diese Themen sind von immenser Bedeutung sind für die innere Haltung jeder Persönlichkeit, die es beruflich und privat zu etwas bringen möchte.

2. Leidenschaft, Initiative: Nutzen Sie Ihre Talente!

Können Sie abends zu dem gelebten Tag „ja" sagen? Mal ehrlich: Der Tag war anstrengend, es ging auf und ab. Die Vorstellung, dass jeder Tag toll ist und Sie selbst immer voller Power stecken, ist eine Lüge. Das weiß auch jeder. Nur hat jeder verschiedene Systeme entwickelt, sich da etwas vorzugaukeln. Doch auch wenn der Tag viele Höhen und Tiefen hatte, immer können Sie sich die Kernfrage stellen: „Will ich den Tag so oder nicht, kann ich dazu ja sagen, bin ich am richtigen Platz?" Wer diese Frage mit „ja" beantwortet, ist angekommen. Er hat eine positive Einstellung zum Leben und zu sich selbst entwickelt.

„Ja sagen, gut und schön", werden Sie sagen und entgegnen, dass man sich doch gerade dann etwas vormacht, wenn man zu einer Sache uneingeschränkt „ja" sagt. „Es ist doch immer so, dass irgendetwas nicht stimmt und daher keine Akzeptanz finden kann." Sie haben völlig Recht mit Ihrem Einwand. Aber das ist ein Gesetz des Lebens. Verfahren Sie daher nach der 79/21-Regel: 79 Prozent gut finden, und mit

21 Prozent nicht zufrieden sein. Die beiden Zahlen stehen sinnbildlich für das, was auf dem Weg zur hundertprozentigen Perfektion auf der Strecke bleibt.

Nun eine Rechenaufgabe: Wenn Sie 100 Prozent anstreben, von welcher dieser beiden Zahlen aus ist der Weg dorthin leichter zu beschreiten? Richtig, von der 79 aus. Es ist besser, bei den 79 zu starten, als sich dauernd selbst klein zu machen und an den 21 Prozent herumzutüfteln. Wenn 79 Prozent einer Situation als gut empfunden werden können, dürfen 21 Prozent ruhig negativ sein. Dieses Verhältnis wird den Gesamteindruck nicht entscheidend trüben. Denken Sie an Ihren „Intensivsozialpartner". Kaum ein Mensch wird, wenn er ehrlich ist, behaupten, mit einem Traumpartner zusammenzuleben, an dem alles hundertprozentig stimmt. Natürlich nicht. Aber derjenige, der zu Recht behaupten kann, dass er mit seinem Partner zu 79 Prozent zufrieden ist, ist auf der besseren Seite.

Leidenschaftliche Initiative setzt auch voraus, dass Sie Ihren Beruf so ausgewählt haben, dass er zu Ihrer Berufung werden kann, weil Sie dort Ihre Talente voll zur Entfaltung bringen können. Eine faszinierende Vorstellung.

Entdecken und leben Sie Ihre Talente. „Talente? Habe ich überhaupt welche?", werden Sie vielleicht fragen. Ganz bestimmt! Talente sind nicht nur besondere Begabungen, wie etwa gut Klavier spielen oder tolle Bilder malen können. Talente umfassen alle Qualitäten, die Menschen haben, einsetzen und ausstrahlen können: künstlerische Fähigkeiten, handwerkliche Fertigkeiten, kaufmännisches Geschick oder auch soziale Kompetenz. Da wird jeder von einer Erfolgsstory berichten können. Jeder hat Potenziale, die er zur Geltung bringen, die er entfalten kann.

Wenn Sie in Ihrem Beruf Ihre Talente einbringen und ausleben können, haben Sie die Möglichkeit, daraus auch eine Berufung zu machen. Ihr Handeln erfolgt aus einer inneren Gelassenheit, Souveränität und Orientierung, die es Ihnen ermöglicht, zielsicher auf die Erfüllung Ihrer Wünsche hinzuarbeiten. Wer seinen Beruf mit innerer Harmonie und persönlicher Integrität ausüben kann, strahlt diese Kraft auch auf seine Kunden und Geschäftspartner aus.

3. Mut zum Risiko

Menschen hätten nie neue Erdteile entdecken können, wenn sie nicht den Mut gehabt hätten, alte Küsten aus den Augen zu verlieren. Immer gab es Vorreiter, die bereit waren, das Risiko auf sich zu nehmen, in möglichen Gefahren umzukommen. Doch die Lust und Bereitschaft, sich für eine Sache zu engagieren, dem König zu dienen, wieder an Bord zu gehen und die Weltmeere zu umsegeln, behielten bei diesen Mutigen stets die Oberhand. Die meisten blieben aber zu Hause und versteckten sich hinter ihrem warmen Ofen.

Dabei ist es so einfach, in unserer gut gepolsterten Zeit, auf Entdeckertour zu gehen. Es gibt sicher Dinge, die Sie immer schon einmal gerne tun wollten, die Sie sich aber nie getraut haben. Immer sind Sie vor den möglichen Folgen zurückgeschreckt und haben die Sicherheit vorgezogen. Neue Wege zu beschreiten bedeutet ja auch das Aufgeben von Altem, von Altbewährtem, und das birgt immer auch eine Gefahr. Und um sich einer Gefahr auszusetzen, waren Sie viel zu klug, da hatten Sie Ihren Verstand im Griff. Doch es hat nichts genutzt, bis heute. Immer wieder kommen Ihre verdrängten Wünsche zum Vorschein, denn in den Träumen sind diese Wünsche immer präsent.

Und das ist gut so. Neuland zu betreten beinhaltet immer auch die Möglichkeit, etwas Neues, Besseres zu entdecken, Chancen im Leben zu erkennen, Fähigkeiten an sich selbst zu entdecken und zuzupacken. Deshalb wagen Sie das, wovon Sie sich insgeheim schon immer gewünscht haben, dass es in Erfüllung geht. Nachher, wenn Sie aus alten Gewohnheiten und antrainierten Verhaltensweisen ausgebrochen sind, werden Sie Freude empfinden und sagen: „Das kann ich ja, war ja gar nicht so schlimm." Und dann werden Sie sehen, dass es auch dahinter noch etwas Neues gibt, und wieder können Sie sich auf den Weg machen. Und so weiter. Nur wer neue Wege geht, kann über sich hinauswachsen.

4. Selbstverantwortung statt Schuldzuweisung und Rechtfertigung

Sie sind für alle Ihre Handlungen selbst verantwortlich. Ein Stau ist ein Stau ist ein Stau. Nichts weiter. Ob Sie sich darüber aufregen, im Stau zu stehen, oder nicht, ist einerlei. Sofern Sie nicht am Anfang des Staus eingeschlafen sind, sind Sie für einen Stau nicht verantwortlich. Dass Sie drin stehen, weil Sie ja schließlich hineingefahren sind, dafür sind Sie sehr wohl verantwortlich. Auch wenn Ihr Partner eine Pause einlegen wollte. Wäre es nach Ihnen gegangen, wären Sie längst zu Hause. Doch mitgefangen, mitgehangen. Sie sind in den Stau gefahren. Und nun heißt es, irgendwo in der Gegend herumstehen und warten. Den Stau können Sie nicht abschaffen. Sie müssen warten, bis er sich auflöst. Sehr wohl ändern können Sie aber die Art und Weise, wie Sie auf den Stau reagieren, was Sie aus der Situation machen. Dafür sind Sie selbst verantwortlich.

Vom Stau ins richtige Leben: Immer wieder werden Ihnen Situationen begegnen, die problematisch sind. Aber nicht die Situationen sind es, die sind immer neutral, sondern Sie empfinden und interpretieren die Situationen entsprechend. Dabei haben Sie die Möglichkeit und die Freiheit, eine Situation auch ganz anders zu interpretieren, sie ganz anders zu erleben. Zum Beispiel so, dass Sie daraus Energie und Kraft schöpfen können. Wenn Sie stattdessen vor allem herumlamentieren, machen sie Ihnen das Leben schwer.

Halten Sie sich nicht damit auf, Schuldfragen zu stellen für das, was passiert. Rechtfertigungen und Unterstellungen führen in die Vergangenheit. Dummerweise können Sie die aber nicht mehr beeinflussen. Sie können aber sehr wohl das, was zukünftig geschehen soll, beeinflussen. Dafür können Sie Verantwortung übernehmen, wenn Sie handeln. Statt sich mit Schuldzuweisungen an andere oder an sich selbst aufzuhalten, können Sie handeln, kreativ und produktiv.

Apropos Wahlfreiheit: Sie haben bei jeder Entscheidung, die Sie treffen wollen, drei Möglichkeiten zu wählen. Nicht mehr, aber auch nicht weniger. Nicht inhaltlich gesehen, aber strukturell. Mehr Alternativen lässt der Verstand des Menschen nicht zu. Die erste Variante besteht darin, dass Sie eine Situation, die Ihnen nicht gefällt, ändern können. An Ort und Stelle, intern, an Ihrem Arbeitsplatz, in Ihrer Beziehung. Diese Änderung kann aber auch so aussehen, dass Sie den Ort, an dem Sie sich befinden, verlassen. Oder Sie entscheiden sich für die Variante Nummer drei: Sie bleiben, wo Sie sind, und stehen voll zu der Situation, in der Sie sich befinden. Eigentlich schöne Aussichten, oder?

5. Commitment: Stehen Sie zu Ihrem Wort

Warum sollte jemand pünktlich sein? Nein, nicht aus Höflichkeit und weil es sich nicht gehört, einen anderen zu lange warten zu lassen und dessen Zeit zu stehlen. Alles Behelfsantworten. Man ist vor allem deswegen pünktlich, weil man es sich vorgenommen hat, weil man es sich selbst versprochen hat. Ihr Wort, das Sie sich selbst geben, gilt in erster Linie. Sie sind es sich selbst schuldig, pünktlich zu sein.

Halten Sie Termine, die Sie vereinbart haben, auch tatsächlich ein. Leider starten so manche „Profis" ein Projekt mit der Projektlüge und versprechen den Kunden vollmundig: „Wir schaffen das bis zum Soundsovielten." Dabei wissen eigentlich alle Beteiligten von vorne herein, dass das geplante Pensum bis zu dem in den Raum geworfenen Termin nicht zu schaffen ist.

Commitment heißt: Stehen Sie voll und ganz zu einer Sache, auf die Sie sich eingelassen haben. Machen Sie das Commitment zur Leitlinie Ihres Handelns: Zu seinem Wort stehen und einmal akzeptierte Regeln einhalten, das verhilft auf Dauer zu einer spielerischen Leichtigkeit.

6. Klarheit, Mission, Auftrag

Wenn Sie in einer Ihnen unbekannten Stadt am Bahnhof ankommen, in ein Taxi steigen und auf die Frage des Taxifahrers, wohin es gehen soll, nur mit den Schultern zucken und antworten: „Hauptsache, weg von hier", kann das ziemlich teuer werden. Wer kein Ziel hat, darf sich nicht wundern, nirgendwo anzukommen und am Ende dennoch einen hohen Preis dafür zu zahlen. Darin liegt die ungeheure Kraft von Zielen. Sie geben Orientierung und sorgen deshalb für Klarheit. Klare Ziele sind Wegweiser. Und nicht nur Wanderer wissen, dass man sich ohne Wegweiser sehr rasch verlaufen kann.

Wenn Sie als Akquisiteur erfolgreich sein wollen, müssen Sie wissen, was Sie wollen. Ihre Berufsziele sollten sich nicht allzu sehr von Ihren Lebenszielen unterscheiden. Haben Sie Ziele, für die sich die Mühe lohnt, aufzustehen und sich auf den Weg zu begeben, die Ihren Lebensweg spannend machen, die Ihnen positive Leistungsanreize vermitteln, die Ihr Potenzial fördern, die Ihr inneres Wachstum stimulieren?

Ohne Ziele treiben Sie desorientiert umher. Ziellose müssen sich viel zu viel damit beschäftigen, Ihre Ziele zu suchen. Das hält davon ab zu handeln. Ziellosigkeit raubt Zeit, Energie und Lebensfreude. Stellen Sie sich nicht dauernd in Frage. Menschen, die ständig an sich selbst zweifeln, verlieren an Ausstrahlung. Wenn Sie sich selbst nicht klar sind, spüren das diejenigen, die Sie überzeugen wollen. Das wird nicht funktionieren.

Wenn Sie wissen, was Sie wollen, zum Beispiel Erfolg als Akquisiteur haben, dann strahlen Sie das auch aus. Dieses Bewusstsein ermöglicht es Ihnen, Ihre Kräfte Gewinn bringend einzusetzen, mit voller Energie, Motivation und Begeisterung. Dann können Sie das Richtige tun, statt nur etwas richtig zu machen.

Konzentrieren Sie Ihre Handlungen konsequent auf Resultate, die Sie erreichen möchten. Wer klare Ziele hat, kommt auch aus der Verlegenheit heraus, fortlaufend über Ziele nachdenken zu müssen. Das kostet viel Kraft und Zeit, und irgendwann ist es dann soweit, und der

Weg ist zu Ende. Denn niemand hat ewig Zeit. Es ist sicher interessant, mit fünfzig zu studieren. Wenn man sich dann aber immer noch in der Erstausbildung befindet, ist etwas schief gelaufen. Studieren, etwas Neues lernen, ja. Aber ewig Student bleiben?

7. Vertrauen und Ehrlichkeit

Sie wissen, Beziehungen verlangen ein hohes Maß an Ehrlichkeit. Das gilt für private und für geschäftliche Kontakte. Pflegen Sie einen ehrlichen Umgang mit sich selbst, dann können Sie auch mit anderen ehrlich umgehen. Geschäftsbeziehungen, die durch Vertrauen gekennzeichnet sind, können lebendig gestaltet werden. Eine vertrauensvolle Beziehung verlangt Menschen, die sich selbst als Individuum schätzen, Vertrauen in die eigenen Fähigkeiten und gleichzeitig ein großes Interesse am Wohlergehen anderer haben. Vertrauen führt zu innerem Wachstum und stärkt Ihre Ausstrahlung.

Wir lehnen Menschen ab, wenn wir an ihnen Eigenschaften oder Merkmale entdecken, die wir an uns selbst nicht mögen. Wahrscheinlich empfinden Sie nicht alle Menschen als angenehm. Doch machen Sie sich trotzdem auch von solchen Zeitgenossen ein positives Bild. Das erleichtert den Umgang mit ihnen. Besser als sich darauf zu konzentrieren, bestimmten Menschen aus dem Weg zu gehen.

Wenn Sie wissen, was Sie wollen, Vertrauen zu den anderen und Achtung vor sich selbst haben, können Sie zu Ihrer Meinung „ja" sagen und sie auch öffentlich eingestehen. Vertreten Sie auch dem Kunden gegenüber ehrlich Ihre Meinung. Halten Sie damit nicht aus falscher Rücksichtnahme dem anderen gegenüber oder aus übertriebener Furcht vor möglichen Konsequenzen hinter dem Berg. Ehrlich sein heißt: ausdrücken, was Sie denken und empfinden. Sagen Sie Ihre Meinung aus der Ich-Position, betonen Sie, dass es die Ihre ist. Äußern Sie Lob und Kritik als Ausdruck Ihrer ehrlichen persönlichen Meinung. Das schützt Sie vor Angriffen. Eine ehrliche Aussage soll keine Bewertung eines anderen Menschen beinhalten, sondern klar ausdrücken, dass man seine Meinung aus der eigenen Wahrnehmung heraus entwickelt hat. Generelles oder unehrliches Lob führt jedoch in die falsche Richtung. Sie unterstützen auf diese Weise nicht den Prozess, um den es gerade geht.

Auch Ehrlichkeit schafft Klarheit. Ein reines Gewissen weist den Weg und verrät, ob Sie sich in Einklang mit sich selbst befinden. Das Gewissen lässt sich nicht betrügen, es ist bedingungslos ehrlich. Sie können nichts vor sich selbst verbergen. Handeln Sie daher stets so, dass Sie ein ruhiges Gewissen haben können.

Kapitel 12
Überzeugen durch **Know-how**

1. Persönliche Erfahrung ist unschlagbar
2. Kompetenztiefe – bis wohin?
3. Transfer, Dolmetschen

BEISPIEL

In einem Gespräch mit einem der Juniorpartner von Winner's Edge ging es darum, wie sich der Partner weiterentwickeln könne. Die Frage an ihn war, was denn seine Kernbotschaft sei, wofür er absolut zu begeistern sei und auf welchem Gebiet er absoluten Einsatz zeige. Er behauptete, dass Motivation und Begeisterung sein Thema sei und dass er auf diesem Gebiet unseren Kunden Tiefgang und Qualität bieten könne.

Wie können Motivation und Begeisterung in Unternehmen im Tagesgeschäft umgesetzt werden ? Dazu gehört es natürlich, sich in dieses Thema vollends reinzuknien, sich in der ganzen Welt umzusehen und zu sichten, was zu diesem Thema angeboten wird. Man muss ständig auf dem Laufenden sein, sich unaufhörlich in dieses Thema einlesen, man muss sich hineindenken und nicht zuletzt einfühlen.

Zurück zu dem Gespräch mit dem Partner. Nach einer Stunde war uns klar, dass das Einzige, was unser Juniorpartner bis dahin getan hatte, war, bestimmte Module, die von anderen entwickelt worden waren, wie ein Papagei zu wiederholen und vorzutragen. Das ist es nicht, und das kann es auch nicht sein.

Vielmehr kommt es darauf an zu wissen, auf welchen Gebieten man wirklich voll eingestiegen ist. Denn: Kunden sind nicht dazu da, dass mit ihnen experimentiert wird.

1. Persönliche Erfahrung ist unschlagbar

Wer versucht, eine Katze am Schwanz zu tragen, wird eine Erfahrung machen, die ziemlich einmalig ist. Er wird etwas lernen, was er auf kaum eine andere Weise erfahren kann. Und wenn es sich nicht um einen Masochisten handelt, wird er es in Zukunft unterlassen, eine Katze noch einmal so zu behandeln. Diese Verhaltensmodifikation haben seine Erfahrungswerte bewirkt.

Persönliche Erfahrungen sind durch nichts zu ersetzen. Auswendiglernen ist kein Ersatz dafür. Wenn Sie selbst Anwender der zu akquirierenden Lösungen waren, sind Sie natürlich um ein Vielfaches glaubwürdiger. Sie haben in der Vergangenheit selbst Umsetzungsprozesse bzw. Lösungen angewandt, haben aus Projekten Lernerfolge ziehen können, können mitreden. Sie haben selbst wichtige Erfahrungen gesammelt, an denen Sie wachsen konnten, und können mehr als nur theoretisches Wissen in ein Projekt einbringen. Sie können Ihre persönlichen Erfahrungen nutzen, haben Tiefgang, kennen die Ecken, Kanten, aber auch die Schlupflöcher, die sich in Projekten ergeben können und die für die Bewältigung von Aufgaben wichtig sind.

Aus diesem guten Grund wird es so sein, dass von Kunden immer eher Akquisiteure akzeptiert werden, die in ein Projekt persönliche Erfahrungswerte mit einbringen können. Seien Sie darüber nicht verärgert. Sie selbst urteilen doch ähnlich. Wenn Sie zum Beispiel Ihre Autowerkstatt aufsuchen, um Ihren Wagen abzuholen, der dort zur Reparatur ist, und es kommt Ihnen der Geschäftsführer der Werkstatt entgegen, chic und sauber gekleidet, ohne einen Flecken auf dem Anzug, und teilt Ihnen mit, dass Sie den Wagen leider nicht mitnehmen können, weil er kaputt ist und einen neuen Motor braucht, würden Sie vermutlich auch den Verdacht hegen, dass der Ihnen nur etwas verkaufen will. Teilt Ihnen diese Hiobsbotschaft anstelle des Geschäftsführers ein Monteur mit, der soeben noch unter dem Wagen lag, verdreckt, voller Öl, werden Sie kaum eine Sekunde an dessen Aussage zweifeln. Diesem Mann, diesem ölverschmierten Handwerker, der ja wirklich bis eben unter Ihrer Karre gelegen hat, werden Sie Glauben schenken. Erfahrung haben, heißt, wenn Sie so wollen: Öl an den Fingern haben. Vermitteln Sie diesen Eindruck Ihren Kunden, auch wenn Sie denen natürlich saubere Lösungen offerieren möchten.

2. Kompetenztiefe – bis wohin?

Kompetenztiefe verlangt nicht, die letzten Details zu wissen. Dafür gibt es Spezialisten. Gefordert ist vielmehr, sich in einer Tiefendimension bewegen zu können, mit der man den Kunden verblüffen kann.

Bei einem Produktverkauf kann es noch angehen, dass Sie sich an der Oberfläche bewegen. Akquisiteure aus dem Versicherungsbereich, die Lebensversicherungen verkaufen, lassen sich gut nach Qualitätsprofilen unterscheiden. In dieser Branche tummeln sich viele, die vor allem mit entsprechenden EDV-Systemen für Spezialisten hantieren. Aber es gibt eben auch andere, nämlich die Guten, die ganzheitliche Produktpaletten, ganzheitliche Lösungsangebote für ihre Kundenklientel austüfteln, von Kfz- über Lebens- und die Hausratsversicherung die gesamten Komplexe sehen und bearbeiten bis hin zur Finanzierung. Das sind Lösungsanbieter. Ein solcher Service erfordert eine ganz andere Qualität, als einfach nur eine Versicherung zu verkaufen. Wer diese Anforderungen erfüllen will, kann dies nur, wenn er mehr drauf hat. „In dir muss brennen, was du in anderen entzünden willst." Wer diesem Leitgedanken folgt, wird sich nie mit Erreichtem zufrieden geben.

Es ist aber auch möglich, über eine Sache so viel zu wissen, dass man unwissend wirkt. Kompetenztiefe verlangt nicht, dass Sie Ihr Wissen ständig und überall mit dem Füllhorn ausschütten. Die richtige Dosis zum richtigen Zeitpunkt genügt. Denken Sie an den Pharmareferenten, der zum Arzt kommt. Dieser Pharmareferent ist in der Regel bestens ausgebildet. Nach einem abgeschlossenen Studium wurde er in seinem Unternehmen auch noch intensivst trainiert. Wenn nun solch ein hoch qualifizierter Mitarbeiter einen niedergelassenen Arzt besucht, um dort neue Lösungen der Pharmaindustrie vorzustellen, besteht eine Gefahr. Diese wächst mit dem Selbstbewusstsein, das der Pharmareferent hat. Immerhin ist er eine wertvolle Informationsquelle für den Arzt, er leistet ihm wichtige Dienste, mit denen dieser wiederum seinen Patienten helfen kann. Wenn solch ein hoch qualifizierter Pharmareferent also zum Arzt kommt, wird er in der Regel erst einmal zu warten haben. Weil die Patienten betreut werden und die Ärzte sehr effizient arbeiten müssen, kann es sein, dass er manchmal bis zu einer halben Stunde, wenn nicht länger, im Wartezimmer hocken muss. Und dann bittet die Arzthelferin ihn zum Arzt herein. Der Arzt, wie immer von Zeitnot geplagt, bittet den Pharmareferenten, sein Anliegen kurz und knapp vorzutragen. Der Pharmareferent, dieser hoch qualifizierte Spezialist, bekommt nun eine kurze Zeit eingeräumt, vielleicht zehn Minuten, um dem Arzt alles, was ihm wichtig ist, zu sagen. Und das tut er dann auch in der Regel. Und danach ist der Arzt völlig platt und leer. Das Unternehmen hätte ihm besser eine Computer-CD oder Software zusenden sollen. Eine viel größere Herausforderung besteht in einer solchen Situation für den Pharmareferenten darin, sein Wissen beiseite zu legen und seine Kompetenz unter Beweis zu stellen, in dem er womöglich nur eine einzige Frage an den Arzt stellt, anstatt sein Wissen über neue Produkte, Methoden, etc. abzuspulen. Kompetenztiefe zeichnet sich eben auch dadurch aus, Wissen so einsetzen zu können, dass es bei Ihrem Gesprächspartner die Wirkung erzielt, die Sie erzielen möchten.

3. Transfer, Dolmetschen

Sie können präzise aufführen, welches Leistungsspektrum Ihr Lösungsangebot für den Kunden enthält. Wie viele Leistungen mögen das sein, mit wie vielen Einzelleistungen lässt sich Ihr Gesamtpaket anschaulich beschreiben? Sind es zehn oder zwölf, vierzehn oder fünfzehn oder nur sechs oder sieben?

Mitunter ist zu beobachten, dass Akquisiteure sich bei der Erläuterung ihres Lösungsangebots einer gestylten Sprache, die ihre jeweiligen Leistungen hervorhebt, bedienen. Dem Kunden von den eigenen Leistungen vorzuschwärmen, ist ziemlich sinnlos. Den Kunden liegt vor allem daran zu erfahren, was er davon hat, wenn er Ihre Lösung einsetzt. Transferieren Sie daher all Ihre neutralen Leistungsangebote in eine auf den Kunden und seine Wünsche zugeschnittene Nutzensprache.

Dummerweise reicht das aber noch nicht aus. Sie werden unterschiedliche Gesprächspartner treffen, auf die Sie einzugehen haben, vielleicht einen Geschäftsführer, der Ihre Lösung aus der Helikopterperspektive des generalistisch denkenden Unternehmers sieht, oder einen Mitarbeiter des Controlling, der Detailfragen stellt, oder auch einen Anwender, der vor allem in Prozessen und Funktionen denkt.

Auf all diesen Ebenen geeignete Argumente für Ihre Lösung präsentieren zu können verlangt, dass Sie den Nutzen, den Sie formuliert haben, in unterschiedlichen Perspektiven, im oben genannten Beispiel in die des Geschäftsführers, die des Controllers und die des Anwenders übersetzen können. Nur dann können Menschen mit unterschiedlichen Denkstrukturen mit Ihren Lösungen etwas anfangen.

Vor allem ältere Akquisiteure, die sehr viel erlebt haben, zeichnen sich dadurch aus, Nutzen mithilfe erzählter Geschichten wirkungsvoll vermitteln zu können. Sie stellen den Nutzen nicht abstrakt für den Kunden dar, sondern schildern ihn einprägsam im Rahmen von Storys, die plastisch verdeutlichen können, welche Relevanz Sachverhalte für den Kunden haben können. Wenn Sie den Nutzen einer Sache in mehr oder weniger dramatischem Spannungsbogen kommunizieren können, indem Sie einen konstruieren, werden Sie Ihre Wirkung auf den Kunden deutlich verbessern.

Starter, junge Akquisiteure mit wenig Erfahrung müssen nicht verzweifeln. Nichts spricht dagegen, dass sie sich die Geschichten der „alten Hasen" zunutze machen. Viele Geschichten kennen und erzählen zu können, hängt nicht vom Lebensalter ab. Peinlich kann es nur werden, wenn junge Akquisiteure prahlerisch Geschichten, die sie irgendwo gehört haben, als eigene, erlebte Erfahrungen verkaufen wollen.

Ein guter Akquisiteur wird Leistungen und Kundennutzen auch optisch aufzeigen und dem Kunden näher bringen können. Wie bereits im Kapitel „Präsentation" unter dem Abschnitt „BSE" dargestellt, gibt es bestimmte Menschen, die vor allem das gut aufnehmen können, was sie auch sehen können. Für Geschichten, seien sie noch so schön erzählt, sind diese Menschen oft wenig zugänglich. Führen Sie ihnen also Bilder vor Augen. Und nehmen Sie nicht zuletzt auch solche Kunden an die Hand, die einen kinästhetischen Beweis möchten: Liefern Sie dem Kunden die Möglichkeit, Dinge anfassen zu können, damit er sie glauben kann.

Epilog

Sicher besitzen Sie mehrere Uhren. Egal, welche Sie davon betrachten, Sie werden wohl zu 99,99 Prozent ein System mit zwölf Ziffern vorfinden. Jede Ziffer der hier abgebildeten, besonderen Uhr ankert eine der in diesem Buch vorgestellten Stufen, die Sie für eine erfolgreiche Akquisition zu durchlaufen haben. Jede Sequenz finden Sie in den einzelnen Kapiteln, unterteilt in Unterpunkte, wieder. Diese einzelnen Hebel können Sie gesondert betrachten und eine Selbsteinschätzung, einen Eigen-Check vornehmen – egal, ob Sie das Buch nur rasch überflogen, die Werkzeuge vielleicht in eine Ihrer Sache gemäßere Sprache übersetzt oder dieses Buch tatsächlich Kapitel für Kapitel intensiv durchgearbeitet haben.

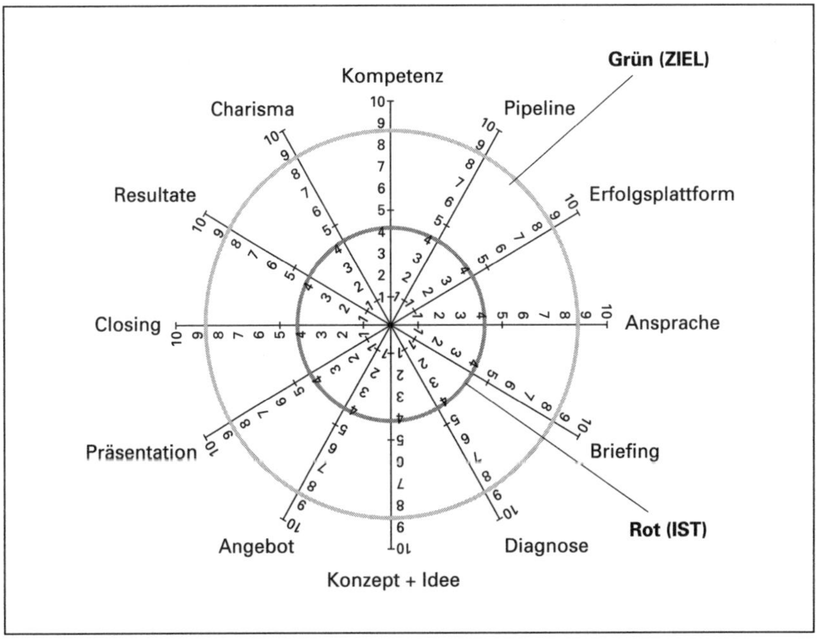

Abbildung 23: Akquisitions-Uhr

Vorschlag: Bewerten Sie jede dieser Phasen in drei Kategorien, und markieren Sie diese entsprechend mit unterschiedlichen Farbstiften an den dafür reservierten Ziffernstellen. Die drei Bewertungskategorien können Ihnen gut Aufschluss über den Status quo vermitteln. Werten Sie die Aspekte, die Sie im Ansatz schon beachten, mit einer 1. Eine 2 heben Sie sich für die Punkte auf, die Sie bereits intuitiv bzw. systematisch tun. Vieles leben Sie bereits in unterschiedlicher Intensität. Unter die 3 subsummieren Sie das, was auf die To-do-Liste gehört. So entwickeln Sie Ihre ganz persönliche Erfolgskurve. Sie erkennen sehr rasch, wie und wo Sie stehen und welche Werkzeuge Sie schon nutzen. So können Sie daraus Ihr ganz persönliches Handlungsversprechen, das Sie sich selbst geben, ableiten.

Welche der genannten Aspekte wollen Sie realisieren und wie wollen Sie das im Einzelnen genau bewerkstelligen? Bei welchen Aspekten sind Sie überzeugt davon, dass es professionell wäre, sie zu befolgen und radikal umzusetzen? Was werden Sie exakt tun?

Mögen Sie das Richtige tun!

Literaturverzeichnis

ARIES, Lorenz A.: Unternehmenserfolg durch professionellen Vertrieb. Wiesbaden 2001

BALDRIDGE, Joy J.D: The Fast Forward MBA in Selling. New York 2000

BECKWITH, Harry: Selling the Invisible. London 2001

BELZ, Christian: Verkaufskompetenz. Frankfurt 1999

BIESEL, Hartmut H.: Kundenmanagement im Multi-Channel-Vertrieb. Wiesbaden 2002

BLATTER-CONSTANTIN, Martin; GANTNER, Bernard: Marketing und Verkauf. Renningen 2000

CALVIN, Robert J.: Sales Management. New York 2001

CANADA, Dick: Die größten Sales Killer. München 2002

CARLAW, Peggy; DEMING, Vashuda K:. The Big Book of Customer Service Training Games. New York 1999

CAROSELLI, Marlene: One-to-One for Sales Professionals. London 2001

CLIPPINGER, John: H.: Decoding The Natural Laws of Enterprise. New York 1999

DALRYMPLE, Douglas J.; CRON, William L.; DECARLO, Thomas: Sales Management Concepts and Cases. New York 2000

EL NEMER, Monika: fun and facts für Profis im Verkauf. Nürnberg 2000

FIELDER, Robin: Outsell Your Competition. New York 2002

FORNAHL, Rainer: Abschlusstechniken im Verkauf. Düsseldorf 2000

FÖRSTER, Hans-Peter: Bestseller Image. Frankfurt 2001

FRANCK, Wolfgang; LINß, Dora: Emotionale Intelligenz im Verkauf. Landsberg 2000

GEHRINGER, Joachim: Umsatzsteigerung leicht gemacht. Düsseldorf 1999

GERBITZ, Günter: Fairness-Selling. Renningen 2001

GIRARD, Joe; BROWN, Stanley H.: Ein Leben für den Verkauf. Wiesbaden 2000

GREFF, Günter: Durchbruch zum Ja! Wiesbaden 2002

HELLER, Robert: Basiswissen Fit im Job: Erfolgreich verkaufen. Starnberg 2001

HILLEMACHER, Ralf: Der Meister-Verkäufer. München 2002

HOLDEN, Jim: Power Base Selling. New York 1999

HOLDEN, Jim: World Class Selling. New York 1999

HOLTZ, Hermann: Getting Started in Sales Consulting. New York 2000
HUBER, Rene: Im Wettkampf um neue Kunden. Wien 2000
HÜFFMANN, Peter: Der Vertriebsingenieur. Berlin 2001
KÖHLER, Hans-Uwe L.: Verkaufen ist wie Liebe, Audio-CD. Düsseldorf 2002
LASKO, Wolf W.: Professionelle Neukundengewinnung. Wiesbaden 2000
LASKO; Wolf W.: Small Talk und Karriere. Wiesbaden 2001
LEVINSON, Conrad J.; SMITH, Mark S. A.; WILSON, Orvel R.: Guerilla Negotiating. New York 1999
LIMBECK, Martin: Siegerstrategien für Verkaufsprofis. Wien 2002
MADERTHANER, Wolfgang A.: Erfolgsberater verkaufen besser. Frankfurt 2001
MARZIAN, Sieghardt; SMIDT, Wolfhart: Vom Vertriebsingenieur zum Marketingingenieur. Berlin 2002
MILLION DOLLAR PROSPECTING TECHNIQUES: The Million Dollar Roundtable Center for Productivity. New York 1999
NAUMANN, Carlheinz: High Performance Selling für Hightech-Produkte. Regensburg 2000
NAUMANN, Carlheinz: Hightech-Produkte erfolgreich verkaufen. Düsseldorf 2002
RENTZSCH, Hans-Peter: Kundenorientiert verkaufen im Technischen Vertrieb. Wiesbaden 2001
SCHEIBLER, Jochen: Vertrieb mit SAP. Bonn 2002
SCHMIDER, Ekkehard: Geschäftspartner fürs Leben. Wiesbaden 2002
SESSLER, Helmut: Der Beziehungs-Manager. Berlin 2000
SICKEL, Christian: Projekte erfolgreich verkaufen. Wien 2002
STÖGER, Gabriele; STÖGER, Hans: Besser verkaufen mit Glaubwürdigkeit und Sympathie. München 2002
TOMCZAK, Torsten; BELZ, Christian; SCHÖGEL, Marcus: Alternative Vertriebswege. Stutgart 1999
TRAINOR, Norm: The 8 Best Practices of High-Performing Salespeople. New York 2000
WEESE, Andreas: Vernetztes Denken im Verkauf. Wien 2002
WEIS, Hans Chr.: Verkauf. Ludwigshafen 2000
WINKELMANN, Peter: Vertriebskonzeption und Vertriebssteuerung. München 2002

Die Autoren

Dr. Wolf W. Lasko, Jahrgang 1953, ist Unternehmer und Geschäftsführer der Winner's Edge GmbH (Gesellschaft für resultateorientierte Veränderungsprozesse), eines Beratungsunternehmens mit 46 Partnern. Ferner ist er Gesellschafter der B.E.S.T. GmbH (Prozessoptimierung) sowie Partner von NOSORROWS (Unternehmensverkauf) und Gesellschafter der @yet (IT-Outsourcing). Seine Schwerpunkte sind Kundengewinnung, die Integration von Change-Prozessen und die Umsetzung hoch komplexer Vertriebsprojekte. Er ist zudem Autor zahlreicher Bücher; bei Gabler sind bereits neun Titel erschienen.

Kontakt: Telefon 0 21 75 / 97 01 01, E-Mail: wolf@lasko.de

Peter Busch, Jahrgang 1967, ist Geschäftsführer der NOSORROWS Management Consulting & Business Services S.A., Luxemburg, eines Beratungsunternehmens mit Fokus auf Unternehmensverkäufe und strategische Akquisitionen. Darüber hinaus ist er Partner der Winner's Edge sowie der B.E.S.T GmbH. Seine Schwerpunkte sind resultateorientierte Vertriebsprojekte, Motivation und Begeisterung in Führung und Vertrieb sowie Unternehmensverkauf und -nachfolge.

Kontakt: Telefon 0 21 75 / 97 01 01, E-Mail: peter@busch.net